원리로 이해하고 그림으로 기억해요!

쑥쑥
급수한자

5급 (상)

KB067026

J PLUS
Language Publishing Co.

한자의 부수

한자에는 온 세상의 모든 것이 담겨 있고 모든 한자는 부수를 가지고 있어요. 부수는 한자를 정리하고 배열하기 위한 하나의 방법입니다. 각 글자의 구성 요소 중에서 뜻에 해당하는 부분이 공통되는 부분을 부수로 삼고 글자를 찾을 때 활용해요. 한자의 부수를 알면 새로운 한자를 쉽게 익힐 수 있는 지름길이 됩니다.

부수의 위치와 명칭

부수는 놓이는 위치에 따라 부르는 이름이 있어요. 다음 여덟 개의 이름을 알아보아요.

① 변

글자의 왼쪽에 오는 부수

② 방

글자의 오른쪽에 오는 부수

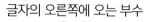

③ 머리

글자의 위쪽에 오는 부수

④ 발

글자의 아래에 오는 부수

⑤ 받침

글자의 왼쪽에서 아래까지 걸치는 부수

⑥ 엄호

글자 위에서 왼쪽 아래까지 오는 부수

⑦ 몸

글자 전체를 에워 싸는 부수

⑧ 제부수

글자 자체가 부수인 글자

부수를 알면 한자를 쉽고 빨리 익힐 수 있어!

부수 알아보기

1. 손 과 관련된 부수

又 또 우	寸 마디 촌	手 손 수

2. 발 과 관련된 부수

止 그칠 지	足 발 족	癶 필발머리

3. 머리 와 관련된 부수

頁 머리 혈	口 입 구	耳 귀 이
目 눈 목	面 낯 면	自 스스로 자

4. 그밖의 신체와 관련된 부수

心 마음 심	骨 뼈 골	肉 고기 육

알아보아요 – 약자(略字) 준5급 시험에는 8급~6급까지의 약자가 출제돼요.

번호	한자	약자	훈음	급수
1	國	国	나라 국	8급
2	萬	万	일만 만	8급
3	學	学	배울 학	8급
4	氣	気	기운 기	7급
5	來	来	올 래	7급
6	數	数	셈 수	7급
7	對	対	대할 대	6급 상
8	圖	図	그림 도	6급 상
9	讀	読	읽을 독	6급 상
10	樂	楽	즐길 락 / 음악 악	6급 상
11	發	発	필 발	6급 상
12	藥	薬	약 약	6급 상
13	戰	战	싸움 전	6급 상
14	體	体	몸 체	6급 상
15	會	会	모일 회	6급 상
16	區	区	구분할 구 / 지경 구	6급 하
17	禮	礼	예도 례	6급 하
18	遠	逺	멀 원	6급 하
19	醫	医	의원 의	6급 하
20	定	㝎	정할 정	6급 하
21	晝	昼	낮 주	6급 하
22	號	号	이름 호	6급 하
23	畫	画	그림 화	6급 하

차례

이 책의 구성

재미있는 위인전 이야기

단계별로 주제와
어울리는 한자를
모았어요.

배울 한자를
제시하였어요.

문장 힌트를 읽고
그림 속에서 숨은
한자 찾아보아요.

하루에 두 글자씩 한자를 익혀요

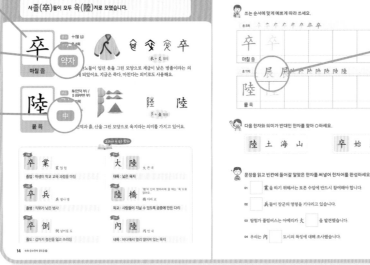

그림과 설명으로
한자의 원리를 재
미있게 익혀요.

약자
한자의 약자도
함께 익혀요.

中
중국 간체자와
병음, 한글 발음
을 함께 표기하
였어요.

획순을 따라 바르
게 써보아요.

신나는 연습문제로
그날 배운 한자들을
확인해보아요.

* 한자카드는 홈페이지에서 다운로드 받으실 수 있습니다.
(회원가입 로그인후 도서명을 검색하세요)

연습문제

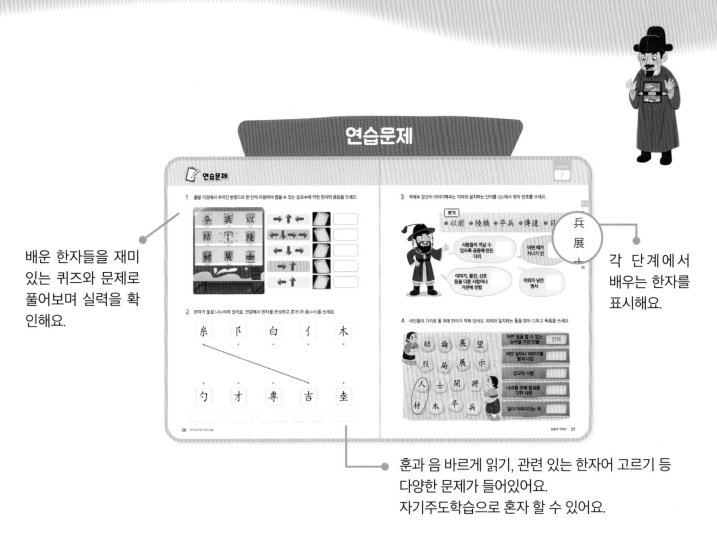

배운 한자들을 재미 있는 퀴즈와 문제로 풀어보며 실력을 확 인해요.

각 단계에서 배우는 한자를 표시해요.

훈과 음 바르게 읽기, 관련 있는 한자어 고르기 등 다양한 문제가 들어있어요.
자기주도학습으로 혼자 할 수 있어요.

기출 · 예상문제

한국어문화회와 한자교육진흥회에서 시행하는 한자자격 시험에 대비해요.

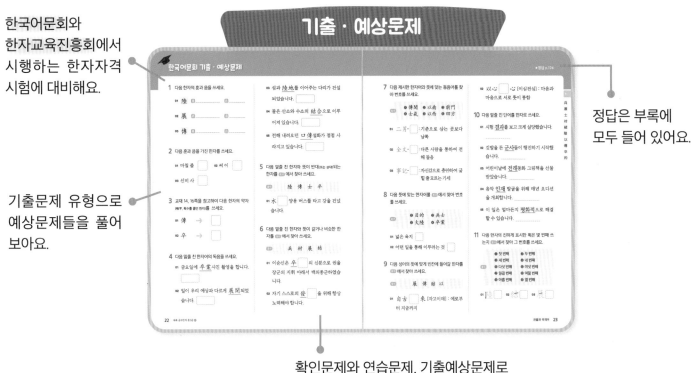

기출문제 유형으로 예상문제들을 풀어 보아요.

정답은 부록에 모두 들어 있어요.

확인문제와 연습문제, 기출예상문제로 총 3회 이상 반복하여 복습할 수 있어요.

1단계 권율과 곽재우

왜군이 행주산성을 공격하자 권율 장군과 **병兵졸卒**들은 이에 맞서 치열한 전투를 벌였어요. 화포와 신기전 같은 신무기도 큰 힘을 발휘했고 **이以외外**에도 여인들이 치마로 돌을 나르며 도왔어요. 권율이 군사들의 **사士기氣**를 북돋우며 전투를 지휘한 **결結과果** 행주대첩에서 큰 승리를 거두었어요.

문장 힌트를 읽고 그림 속에 숨은 한자를 찾아봅시다.

兵	卒	以	士	結	材	的	陸	展	傳
병사 병	마칠 졸	써 이	선비 사	맺을 결	재목 재	과녁 적	뭍 륙	펼 전	전할 전

곽재우 장군은 임진왜란이 일어나자 제일 먼저 인人재材들을 모아 의병을 일으켰어요. 정암진 전투에서 그의 전술이 적的중中하여 육陸지地로 공격을 전展개開하던 왜군의 의지를 꺾었어요. 곽재우 장군은 전투할 때 항상 붉은색 옷을 입어서 '홍의장군'이라는 별명이 생겼다고 전傳해져요.

이놈들, 어딜 도망가느냐!

밤에 공격하다니, 반칙 아니냐!

홍의장군 납신다! 게 섰거라!

박물관에 각종 병(兵)서가 전(展)시되어 있어요.

병사 병

부수	八(여덟 팔)
획수	총 7획
中	兵(bīng) 삥

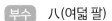

斤 + 廾 회의

'병사 병'은 양손으로 도끼를 들고 있는 것을 그린 모양으로 무기, 병기로 사용되다가 병사라는 의미를 가지게 되었어요.

펼 전

부수	尸(주검 시)
획수	총 10획
中	展(zhǎn) 잔*

尸 + 㠭 형성

'펼 전'은 가지런히 정리된 도자기를 그린 모양으로 처음에는 네 개의 工으로 이루어져 있다가 이후에 衣와 尸가 더해져 펼치다의 의미를 가지게 되었어요.

교과서 속 숨은 한자

도덕

將 兵
將 장수 장

장병 : 장교와 사병

사회

兵 器
器 그릇 기

병기 : 전쟁에 쓰는 기구

사회

義 兵
義 옳을 의

의병 : 나라를 위해 일어난 병사

국어

展 示
示 보일 시

전시 : 여러 가지 물건을 한곳에 놓고 보여줌

국어

展 開
開 열 개

전개 : 어떤 일이나 이야기를 펼쳐 나감

국어

展 望
望 바랄 망

전망 : 멀리 바라봄, 앞을 내다봄

쓰는 순서에 맞게 예쁘게 따라 쓰세요.

총 7획   兵 兵 兵 兵 兵 兵 兵

兵	兵					
병사 병						

총 10획   展 展 展 展 展 展 展 展 展 展

展	展					
펼 전						

 다음 한자와 의미가 유사한 한자를 찾아 ○하세요.

兵   病 軍 王 民   展   全 合 現 發

 다음 문장의 한자 중에서 틀린 글자를 찾아 ○ 하고 바르게 고치세요.

01 박물관에는 祖上들의 生活 모습이 담긴 물건이 全市 되어 있습니다.

展	示

02 철로 만든 病氣를 가진 民族이 전쟁에서 쉽게 勝利할 수 있었습니다.

03 全國에서 衣病이 불같이 일어나 외세의 침략에 대항했습니다.

04 올 여름에는 氣溫이 높아 에어컨의 使用이 늘어날 것으로 前望 됩니다.

兵
展
士
材
卒
陸
以
傳
結
的

1

우리 형은 박사(士) 학위를 받은 인재(材)입니다.

선비 사

부수 士(선비 사)
획수 총 3획
中 士(shì) 스*

상형

'선비 사'는 허리춤에 차고 다니던 무기를 그린 모양으로 선비, 관리, 남자라는 의미를 가지고 있어요.

재목 재

부수 木(나무 목)
획수 총 7획
中 材(cái) 차이

木 + 才 형성

'재목 재'는 나무와 새싹을 그린 모양으로 상태나 재질이 좋은 나무라는 의미를 가지고 있어요. 사람에 비유할 때는 재능, 재주라는 의미를 가져요.

교과서 속 숨은 한자

 국어
博 士
博 넓을 박

박사 : 대학원의 박사 과정을 마친 사람, 아는 것이 많은 사람

 사회
烈 士
烈 매울 렬(열)

열사 : 나라를 위해 충성을 다한 사람

 도덕
兵 士
兵 병사 병

병사 : 병사, 군인

 사회
人 材
人 사람 인

인재 : 어떤 일을 할 수 있는 학식이나 능력을 갖춘 사람

 과학
素 材
素 본디 소

소재 : 어떤 것을 만드는 바탕이 되는 재료

 국어
材 木
木 나무 목

재목 : 건축물에 쓰는 나무, 어떤 일을 할 수 있는 능력을 가진 인물

쓰는 순서에 맞게 예쁘게 따라 쓰세요.

총 3획	士 士 士					
士 선비 사	士					

총 7획	材 材 材 材 材 材 材					
材 재목 재	材					

 다음 그림에서 설명하는 한자가 어떤 것인지 찾아 ○하세요.

   材　林　村　　　 土　士　王

 다음 문장의 밑줄 친 부분에 들어갈 알맞은 한자를 쓰세요.

01 나대용 장군은 **병사**들과 함께 하루도 쉬지 않고 거북선을 만들었습니다.

02 구달 **박사**는 어미의 죽음을 슬퍼하다 죽은 침팬지의 이야기를 들려주었습니다.

03 우리 회사는 성별, 나이, 학벌과 상관없이 **인재**를 뽑습니다.

04 등산복과 같은 의류의 **소재**는 방수 기능과 땀 배출 기능이 우수해야 합니다.

사졸(卒)들이 모두 육(陸)지로 모였습니다.

마칠 졸

부수	十(열 십)
획수	총 8획
中	卒(zú) 쭈
약자	卆

衣 + 仌 회의

'마칠 졸'은 관노들이 입던 옷을 그린 모양으로 계급이 낮은 병졸이라는 의미를 가지게 되었어요. 지금은 죽다, 마친다는 의미로도 사용해요.

뭍 륙

부수	阜(언덕 부) / 阝(좌부변 부)
획수	총 11획
中	陆(lù) 루

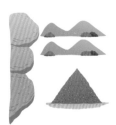

阝 + 坴 형성

'뭍 륙'은 언덕과 흙, 산을 그린 모양으로 육지라는 의미를 가지고 있어요.

교과서 속 숨은 한자

 사회

卒 業
業 업 업

졸업 : 학생이 학교 교육 과정을 마침

 사회

卒 兵
兵 병사 병

졸병 : 직위가 낮은 병사

 국어

卒 倒
倒 넘어질 도

졸도 : 갑자기 정신을 잃고 쓰러짐

 국어

大 陸
大 큰 대

대륙 : 넓은 육지

 사회

陸 橋
'陸'이 단어 첫머리에 올 때는 '육'으로 읽어요.
橋 다리 교

육교 : 사람들이 지날 수 있도록 공중에 만든 다리

 국어

內 陸
內 안 내

내륙 : 바다에서 멀리 떨어져 있는 육지

쓰는 순서에 맞게 예쁘게 따라 쓰세요.

총 8획 　卒 卒 卒 卒 卒 卒 卒 卒

卒	卒					
마칠 졸						

총 11획 　陸 陸 陸 陸 陸 陸 陸 陸 陸 陸 陸

陸	陸					
뭍 륙						

 다음 한자와 의미가 반대인 한자를 찾아 ○하세요.

陸　土　海　山　　　　　卒　始　果　交

 문장을 읽고 빈칸에 들어갈 알맞은 한자를 써넣어 한자어를 완성하세요.

01 ☐ 業 을 하기 위해서는 토론 수업에 반드시 참여해야 합니다.

02 ☐ 兵 들이 장군의 명령을 기다리고 있습니다.

03 탐험가 콜럼버스는 아메리카 大 ☐ 을 발견했습니다.

04 우리는 內 ☐ 도시의 특징에 대해 조사했습니다.

할머니가 태어나기 **이(以)** 전부터 내려온 **전(傳)** 설이에요.

以

써 이

부수	人 (사람 인)
획수	총 5획
中	以(yǐ) 이

 상형

'써 이'는 쟁기를 그린 글자 모양으로 나중에 사람을 추가하여 사람이 사용하다는 의미이다가 지금은 '~로써, ~에 따라'라는 의미로 사용해요.

傳

전할 전

부수	亻 (사람인변)
획수	총 13획
中	传(chuán) 추안*
약자	伝

人 + 專 형성

'전할 전'은 물건을 전해주는 모습을 그린 모양으로 전한다는 의미를 가지고 있어요.

교과서 속 숨은 한자

수학

 以 上   上 윗 상

이상 : 수량이나 정도가 일정한 기준보다 더 많음

국어

 以 前   前 앞 전

이전 : 어떤 때가 지나기 전

국어

 以 後   後 뒤 후

이후 : 어떤 때가 지난 후

국어

 傳 說   說 말씀 설

전설 : 옛날부터 전해 내려오는 이야기

수학

 傳 達   達 통달할 달

전달 : 이야기, 물건, 신호 등을 다른 사람이나 기관에 전함

도덕

 傳 統   統 거느릴 통

전통 : 한 집단에서 오랜 시간 동안 전해 내려오는 것

쓰는 순서에 맞게 예쁘게 따라 쓰세요.

| 총 5획 | 以 以 以 以 以 |

以	以				
써 이					

| 총 13획 | 傳 傳 傳 傳 傳 傳 傳 傳 傳 傳 傳 傳 傳 |

傳	傳				
전할 전					

 다음 한자와 음이 같은 한자를 찾아 ○하세요.

| 以 | 用 | 二 | 朴 |

| 傳 | 道 | 前 | 全 |

 문장을 읽고 밑줄 친 한자의 독음을 써보세요.

01 이 이야기는 우리 지역에서 전해 오는 <u>傳說</u>입니다.

02 최근 어린이 교통사고가 10% <u>以上</u> 늘었습니다.

03 항상 시험이 끝난 <u>以後</u>에 정답이 생각납니다.

04 우리는 아름다운 <u>傳統</u>을 잘 지켜 나가야 합니다.

적극적(的)인 대응의 결(結)과 문제가 해결되었습니다.

結

맺을 결

부수　糸(실사변)
획수　총 12획
中　結(jié) 지에

結　結
糸 + 吉 형성

'맺을 결'은 가는 실과 신전에 꽂아두던 위목을 그린 것으로 맺다, 모으다, 묶다라는 의미를 가지고 있어요. (위목 : 혼령의 이름을 쓴 종이)

的

과녁 적

부수　白(흰 백)
획수　총 8획
中　的(de) 더

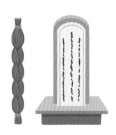

明　的
白 + 勺 형성

'과녁 적'은 해와 물을 푸는 국자를 그린 모양으로 분명하다는 의미를 가졌다가 지금은 목표, 과녁이라는 의미로 사용해요.

교과서 속 숨은 한자

사회

連　結
連 이을 련(연)

연결 : 서로 이어지거나 관계를 맺음

국어

結　論
論 논할 론(논)

결론 : 최종적으로 내리는 판단

국어

結　局
局 판 국

결국 : 일이 마무리되는 때

국어

目　的
目 눈 목

목적 : 어떤 일을 통해서 이루려는 것

수학

規　則　的
規 법 규
則 법칙 칙

규칙적 : 일정한 질서가 있거나 규칙을 따름

국어

積　極　的
積 쌓을 적
極 극진할 극

적극적 : 태도가 긍정적이고 능동적임

1

 쓰는 순서에 맞게 예쁘게 따라 쓰세요.

총12획	結 結 結 結 結 結 結 結 結 結 結 結					

結	結					
맺을 결						

총8획	的 的 的 的 的 的 的 的					

的	的					
과녁 적						

 다음 한자의 훈(뜻)과 음(소리)을 쓰세요.

結 　　훈 _____ 음 _____

的 　　훈 _____ 음 _____

 다음 의미에 해당하는 한자에 ○하세요.

01 서로 이어지거나 관계를 맺음 　　　連結　結果

02 일정한 질서가 있거나 규칙을 따름 　　開放的　規則的

03 태도가 긍정적이고 능동적임 　　　積極的　消極的

04 최종적으로 내리는 판단 　　　　結論　結集

1 출발 지점에서 주어진 방향으로 한 칸씩 이동하여 뽑을 수 있는 음료수에 적힌 한자와 훈음을 쓰세요.

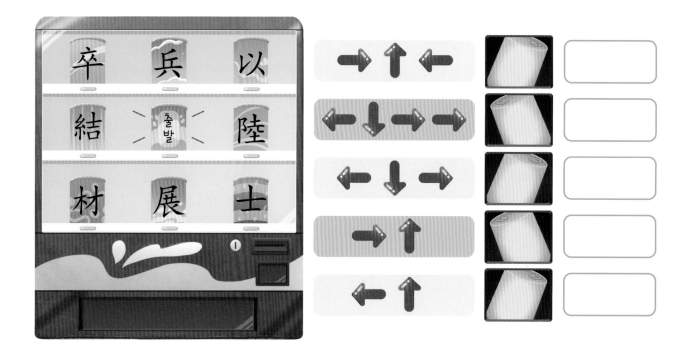

2 한자가 둘로 나누어져 있어요. 연결해서 한자를 완성하고 훈(뜻)과 음(소리)을 쓰세요.

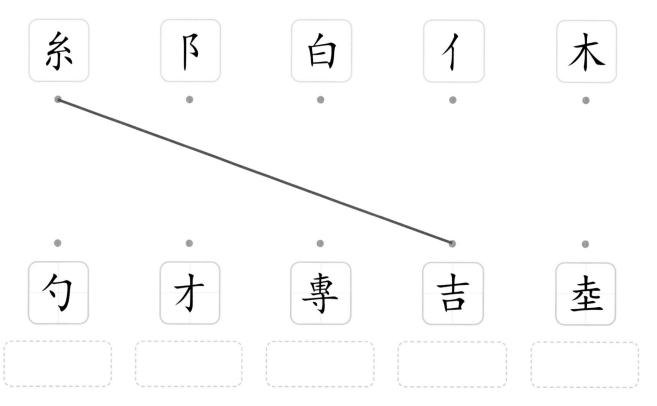

兵 展 士 材 卒 陸 以 傳 結 的

3 곽재우 장군이 이야기해주는 의미와 일치하는 단어를 보기 에서 찾아 번호를 쓰세요.

보기

❶ 以前 ❷ 陸橋 ❸ 卒兵 ❹ 傳達 ❺ 目的

사람들이 지날 수 있도록 공중에 만든 다리

어떤 때가 지나기 전

이야기, 물건, 신호 등을 다른 사람이나 기관에 전함

직위가 낮은 병사

4 여인들이 가져온 돌 위에 한자가 적혀 있어요. 의미와 일치하는 돌을 찾아 ○하고 독음을 쓰세요.

結 論 展 望

烈 局 展 示

人 士 開 將

材 木 卒 兵

어떤 일을 할 수 있는 능력을 가진 인물	인재
어떤 일이나 이야기를 펼쳐 나감	
장교와 사병	
나라를 위해 충성을 다한 사람	
일이 마무리되는 때	

1 다음 한자의 훈과 음을 쓰세요.

01 陸 훈_____ 음_____

02 展 훈_____ 음_____

03 傳 훈_____ 음_____

2 다음 훈과 음을 가진 한자를 쓰세요.

01 마칠 졸 ☐ 02 써 이 ☐

03 선비 사 ☐

3 교재 14, 16쪽을 참고하여 다음 한자의 약자 (略字, 획수를 줄인 한자)를 쓰세요.

01 傳 ➡ ☐

02 卒 ➡ ☐

4 다음 밑줄 친 한자어의 독음을 쓰세요.

01 금요일에 <u>卒業</u> 사진 촬영을 합니다. ☐

02 일이 우리 예상과 다르게 <u>展開</u>되었 습니다. ☐

03 섬과 <u>陸地</u>를 이어주는 다리가 건설 되었습니다. ☐

04 물은 산소와 수소의 <u>結合</u>으로 이루 어져 있습니다. ☐

05 전해 내려오던 <u>口傳</u>설화가 점점 사 라지고 있습니다. ☐

5 다음 밑줄 친 한자와 뜻이 반대(또는 상대)되는 한자를 보기 에서 찾아 쓰세요.

보기 陸 傳 士 卒

01 水 ☐ 양용 버스를 타고 강을 건넜 습니다.

6 다음 밑줄 친 한자와 뜻이 같거나 비슷한 한 자를 보기 에서 찾아 쓰세요.

보기 兵 材 展 結

01 이순신은 卒 ☐ 의 신분으로 권율 장군의 지휘 아래서 백의종군하였습 니다.

02 자기 스스로의 <u>發</u> ☐ 을 위해 항상 노력해야 합니다.

7 다음 제시한 한자어와 뜻에 맞는 동음어를 찾아 번호를 쓰세요.

보기
① 傳聞　② 以南　③ 前門
④ 士氣　⑤ 以西　⑥ 四方

01 二男-☐ : 기준으로 삼는 곳보다 남쪽

02 全文-☐ : 다른 사람을 통하여 전해 들음

03 事記-☐ : 자신감으로 충만하여 굽힐 줄 모르는 기세

8 다음 뜻에 맞는 한자어를 보기 에서 찾아 번호를 쓰세요.

보기
① 目的　② 兵士
③ 大陸　④ 卒業

01 넓은 육지 ☐

02 어떤 일을 통해 이루려는 것 ☐

9 다음 성어의 뜻에 맞게 빈칸에 들어갈 한자를 보기 에서 찾아 쓰세요.

보기
展　傳　結　以

01 自古☐來 [자고이래] : 예로부터 지금까지

02 以心☐心 [이심전심] : 마음과 마음으로 서로 뜻이 통함

10 다음 밑줄 친 단어를 한자로 쓰세요.

01 시험 **결과**를 보고 크게 실망했습니다.
_____

02 깃발을 든 **군사**들이 행진하기 시작했습니다. _____

03 어린이날에 **전래**동화 그림책을 선물받았습니다. _____

04 음악 **인재** 발굴을 위해 매년 오디션을 개최합니다. _____

05 이 일은 얼마든지 **평화적**으로 해결할 수 있습니다. _____

11 다음 한자의 진하게 표시한 획은 몇 번째 쓰는지 보기 에서 찾아 그 번호를 쓰세요.

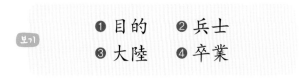

보기
① 첫 번째　② 두 번째
③ 세 번째　④ 네 번째
⑤ 다섯 번째　⑥ 여섯 번째
⑦ 일곱 번째　⑧ 여덟 번째
⑨ 아홉 번째　⑩ 열 번째

01 陸☐　02 結☐　03 展☐

1 다음 한자와 음(소리)이 같은 한자를 고르세요.

01 兵 ☐

❶ 病　❷ 方　❸ 風　❹ 定

02 以 ☐

❶ 入　❷ 里　❸ 上　❹ 二

03 士 ☐

❶ 自　❷ 社　❸ 字　❹ 時

2 다음 한자의 뜻으로 알맞은 것을 고르세요.

01 材 ☐

❶ 도구　❷ 기술　❸ 재목　❹ 재주

02 的 ☐

❶ 색깔　❷ 쏘다　❸ 물건　❹ 과녁

03 結 ☐

❶ 길하다　❷ 펴다　❸ 보이다　❹ 맺다

3 다음 한자와 뜻이 반대되거나 상대되는 한자를 고르세요.

01 將 장수 장[준4급] ☐

❶ 材　❷ 卒　❸ 陸　❹ 傳

4 보기 의 단어들과 가장 관련이 깊은 한자를 고르세요.

보기 　　훈련　전쟁　무기

01 ❶ 材　❷ 士　❸ 兵　❹ 的 ☐

보기 　　돗자리　기지개　스트레칭

02 ❶ 陸　❷ 展　❸ 傳　❹ 以 ☐

5 다음 한자어의 독음(소리)으로 알맞은 것을 고르세요.

01 藥材 ☐

❶ 악재　❷ 약재　❸ 악보　❹ 약단

02 結集 ☐

❶ 결정　❷ 채집　❸ 결집　❹ 결과

03 兵士 ☐

❶ 병사　❷ 병토　❸ 공사　❹ 장사

6 ☐ 안에 들어갈 알맞은 한자를 고르세요.

01 이번 **미술전** 의 주제는 '봄'입니다.

❶ 羊術前　　　❷ 羊術全
❸ 美術傳　　　❹ 美術展

02 요즘은 한자 **교재** 가 잘 팔립니다.

❶ 校材　❷ 敎材　❸ 交在　❹ 交才

03 이 작품은 한마디로 수준 **이하** 입니다.

❶ 二下　❷ 以不　❸ 以下　❹ 二上

7 다음 한자의 훈과 음을 한글로 쓰세요.

01 卒　훈 _____　음 _____

02 陸　훈 _____　음 _____

03 結　훈 _____　음 _____

8 다음 훈과 음에 맞는 한자를 쓰세요.

01 펼 전 ☐　　02 전할 전 ☐

03 병사 병 ☐

9 다음 한자어의 독음을 한글로 쓰세요.

01 軍士　_____

02 傳記　_____

03 內向的　_____

10 다음 밑줄 친 한자를 의미에 맞는 한자로 고쳐 쓰세요. (단, 음이 같은 한자로 고칠 것)

01 <u>育</u>軍과 해군의 합동훈련이 진행되었습니다. ☐

02 교수님은 대학에서 많은 **人才**를 길러냈습니다. ☐

03 도시와 농촌이 균형있게 **發電**하는 것이 좋습니다. ☐

11 다음 한자성어의 설명을 읽고 ☐에 들어갈 한자를 쓰세요.

大 ☐ 小用 [대재소용]

큰 재목을 작게 쓴다. 큰 재목은 큰 일에 쓰여야 한다는 말.

(12-13) 교재 100, 102쪽 교과서 한자어를 참고하여 풀어보세요.

12 다음 한자어의 알맞은 뜻을 고르세요.

素材 ☐

❶ 뛰어난 의견이나 생각

❷ 어떤 목표를 향하여 나아감

❸ 실력이나 능력이 약한 조직체

❹ 어떤 것을 만드는 데 바탕이 되는 재료

13 ☐ 안에 들어갈 알맞은 한자어를 고르세요.

삼촌은 중학교 **음악** 교사입니다.

❶ 想像　❷ 音樂　❸ 堆積　❹ 文段

사육신과 생육신

세조가 어린 단종을 몰아내고 임금이 되자 신臣하下들은 세조의 행동이 부不도道덕德 하다고 여겼어요. 여섯 명의 신하는 단종을 다시 왕위에 세울 것을 약約속束했지만 세조에게 발각되어 고문을 당했어요. 그들은 흉凶한 모습으로 죽음을 맞았지만 나중에는 충신으로 인정받아 사육신이라는 칭호를 얻었어요.

문장 힌트를 읽고 그림 속에 숨은 한자를 찾아봅시다.

臣	德	約	束	凶	見	責	任	歷	史
신하 신	큰 덕	맺을 약	묶을 속	흉할 흉	볼 견	꾸짖을 책	맡길 임	지날 력	사기 사

사육신 외에도 세조에 반대 의意견見을 가진 다른 여섯 명의 신하가 있는데 그들은 생육신이라고 해요. 그들은 세조의 즉위를 막지 못한 것에 책責임任을 느끼며 세조 아래서 벼슬하는 것을 거부했어요. 세조의 핍박에도 끝까지 꺾지 않았던 단종에 대한 생육신의 충절은 역歷사史적으로 높이 평가받고 있어요.

충신은 두 임금을 섬기지 않는 법!

세조를 몰아내지 못한 것이 내 평생 한으로 남겠구나.

임금과 신(臣)하들이 나라의 흉(凶)년을 걱정했어요.

흉할 흉

부수	凵(위튼입구몸)
획수	총 4획
中	凶(xiōng) 씨옹

상형

'흉할 흉'은 짐승이 빠져나오지 못하도록 만든 함정을 그린 모양으로 흉하다, 운수가 나쁘다라는 의미를 가지고 있어요.

신하 신

부수	臣(신하 신)
획수	총 6획
中	臣(chén) 천*

상형

'신하 신'은 고개 숙인 사람의 눈을 그린 모양으로 신하는 임금과 눈을 마주치지 못한다는 데서 신하라는 의미를 가지게 되었어요.

교과서 속 숨은 한자

 국어

凶 年   年 해 년(연)

흉년 : 농사가 다른 해보다 잘 되지 않은 해

 국어

凶 惡   惡 악할 악

흉악 : 행동이나 성질이 아주 사납고 못됨

 국어

吉 凶   吉 길할 길

길흉 : 좋은 일과 나쁜 일

 사회

臣 下   下 아래 하

신하 : 예전에 임금을 모시면서 벼슬을 하던 사람

국어

使 臣   使 부릴 사

사신 : 임금이나 국가의 명령을 받고 외국에 대표로 가는 신하

 국어

忠 臣   忠 충성 충

충신 : 나라와 임금을 위하여 충성을 다하는 신하

凶
臣
史
約
責
任
見
束
歷
德

 쓰는 순서에 맞게 예쁘게 따라 쓰세요.

총 4획	凶 凶 凶 凶						
凶	凶						
흉할 흉							

총 6획	臣 臣 臣 臣 臣 臣						
臣	臣						
신하 신							

 다음 한자와 의미가 반대 혹은 상대인 한자를 찾아 ○하세요.

凶　心　吉

臣　王　信

 문장을 읽고 빈칸에 들어갈 알맞은 한자를 써넣어 한자어를 완성하세요.

01 전남 지역에 [　] 年 이 계속되어 굶주리는 사람이 늘어났습니다.

02 세종은 명나라에 가는 使 [　] 에게 말소리 연구에 필요한 책을 구해오라 했습니다.

03 이번 사건의 범인은 아주 [　] 惡 한 사람입니다.

04 忠 [　] 들은 늘 임금의 안위를 걱정했습니다.

역사(史)책에서 두 사람의 언약(約)에 대한 글을 읽었어요.

史

사기 사

부수 口(입 구)

획수 총 5획

中 史(shǐ) 스*

상형

'사기 사'는 손에 들고 있는 점을 칠 때 사용하던 주술도구를 그린 모양으로 역사, 사관이라는 의미를 가지고 있어요.

約

맺을 약

부수 糸(실사변)

획수 총 9획

中 約(yuē) 위에

糸 + 勺 형성

'맺을 약'은 실타래를 묶은 모습과 물을 푸던 국자를 그린 모양으로 약속하다, 맺다라는 의미를 가지고 있어요.

교과서 속 숨은 한자

 사회

歷 史

歷 지날 력(역)

역사 : 인류가 오랜 시간 변해온 과정, 또는 그 기록

사회

國 史

國 나라 국

국사 : 나라의 역사

사회

史 料

料 헤아릴 료(요)

사료 : 역사 연구에 필요한 자료나 유물

 도덕

節 約

節 마디 절

절약 : 아껴서 씀

사회

公 約

公 공평할 공

공약 : 어떤 일에 대하여 실행할 것을 약속함

국어

要 約

要 요긴할 요

요약 : 말이나 글을 간추림

쓰는 순서에 맞게 예쁘게 따라 쓰세요.

총 5획　史 史 史 史 史

史	史					
사기 사						

총 9획　約 約 約 約 約 約 約 約 約

約	約					
맺을 약						

 다음 한자와 음이 같은 한자를 찾아 ○하세요.

史　李　使　死

約　藥　樂　結

 문장을 읽고 밑줄 친 한자의 독음을 써보세요.

01 國史 책에는 우리 나라의 역사가 기록되어 있습니다.

02 후보자들이 지역의 발전을 위한 公約을 발표했습니다.

03 회의 내용을 要約하여 정리하였습니다.

04 조선왕조실록은 중요한 역사적 史料입니다.

각자 자신의 **책임(責任)**을 다해야 합니다.

꾸짖을 책

부수	貝(조개 패)
획수	총 11획
中	責(zé) 쯔어

貝 + 束 회의

'꾸짖을 책'은 가시나무 아래에 조개를 그린 모양으로 남에게 빌린 돈은 가시가 돋친 돈으로, 주머니에 넣어두면 계속 찔리는 것처럼 갚지 못하면 책망을 당한다는 의미를 가지고 있어요.

맡길 임

부수	亻(사람인변)
획수	총 6획
中	任(rèn) 런

人 + 壬 회의

'맡길 임'은 사람이 실을 묶어 보관하던 도구를 등에 짊어지고 있는 모양으로 맡기다, 맡고 있다는 의미를 가지고 있어요.

교과서 속 숨은 한자

도덕

責 任　任 맡길 임

책임 : 맡아서 해야 할 일

도덕

自 責　自 스스로 자

자책 : 자신의 잘못을 스스로 깊이 뉘우치고 꾸짖음

국어

叱 責　叱 꾸짖을 질

질책 : 잘못한 사람을 꾸짖어 나무람

도덕

任 員　員 인원 원

임원 : 어떤 단체에서 중요한 일을 맡아보는 사람

도덕

任 命 狀　命 목숨 명
　　　　　　狀 형상 상, 문서 장

임명장 : 어떤 사람을 임명한다는 내용을 적은 문서

사회

任 務　務 힘쓸 무

임무 : 어떤 사람이 책임을 지고 맡은 일

쓰는 순서에 맞게 예쁘게 따라 쓰세요.

총11획	責 責 責 責 責 責 責 責 責 責 責					
責	責					
꾸짖을 책						

총6획	任 任 任 任 任 任					
任	任					
맡길 임						

 다음 그림에서 설명하는 한자가 어떤 것인지 찾아 ○하세요.

 靑 表 責

 住 任 行

 다음 문장의 밑줄 친 부분에 들어갈 알맞은 한자를 쓰세요.

01 올해 반장이 되어 **임명장**을 받았습니다.

02 전교 어린이회 **임원**이 모두 모여 회의를 열었습니다.

03 성적이 오르지 않았다고 **자책**할 필요는 없습니다.

04 종이를 함부로 쓰는 최 부잣집 도령을 **질책**했습니다.

볼 견

- 부수 見(볼 견)
- 획수 총 7획
- 中 见(jiàn) 지엔

目 + 儿 회의

'볼 견'은 사람의 눈을 강조하여 그린 모양으로 보다라는 의미를 가지고 있어요.

묶을 속

- 부수 木(나무 목)
- 획수 총 7획
- 中 束(shù) 슈*

상형

'묶을 속'은 묶어 놓은 나뭇단을 그린 모양으로 묶다라는 의미를 가지고 있어요.

교과서 속 숨은 한자

국어

見 學   學 배울 학

견학 : 보고 배움

사회

意 見   意 뜻 의

의견 : 어떤 것에 대하여 가지는 생각

과학

發 見   發 필 발

발견 : 어떤 것을 알아내거나 찾아냄

사회

團 束   團 둥글 단

단속 : 주위를 기울여 다잡거나 보살핌

사회

約 束   約 맺을 약

약속 : 다른 사람과 앞으로의 일을 미리 정함

사회

結 束   結 맺을 결

결속 : 뜻이 같은 사람끼리 마음을 모아 하나로 뭉침

쓰는 순서에 맞게 예쁘게 따라 쓰세요.

총 7획 見 見 見 見 見 見 見

見	見					
볼 견						

총 7획 束 束 束 束 束 束 束

束	束					
묶을 속						

 다음 한자와 의미가 유사한 한자를 찾아 ○하세요.

見　現　自　話

束　決　結　速

 다음 문장의 한자 중에서 틀린 글자를 찾아 바르게 고치세요.

01 地圖에 건물을 표시할 때에는 藥速된 記號를 씁니다.

02 2008년 화성시 전곡항에서 공룡 화석이 發明되었습니다.

03 올해 農事의 풍년을 기원하고 決速을 다졌습니다.

04 지역의 問題 해결을 위해 다양한 意現이 필요합니다.

엄마는 도덕(德) 선생님이라는 경력(歷)을 가지고 있어요.

歷
지날 력

부수	止(그칠 지)
획수	총 16획
中	历(lì) 리

歷 歷 歷

厤 + 止 형성

'지날 력'은 숲으로 들어가는 것을 그린 모양으로 지나다, 세월이라는 의미를 가지고 있어요.

德
큰 덕

부수	彳(두인변)
획수	총 15획
中	德(dé) 더

 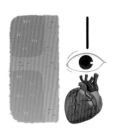

德 德 德

彳 + 悳 형성

'큰 덕'은 길과 곧은 눈, 마음을 그린 모양으로 곧은 마음으로 길을 걷는 사람이라는 의미를 가지고 있어요.

교과서 속 숨은 한자

수학

 歷 代

'歷'이 단어 첫머리에 올 때는 '역'으로 읽어요.
代 대신할 대

역대 : 대대로 이어 내려온 여러 대

사회

 經 歷

經 지날 경

경력 : 지금까지 겪거나 거쳐 온 직업이나 학력 따위의 일

국어

 歷 歷

역력 : 모든 것이 훤히 알 수 있게 똑똑함

도덕

道 德

道 길 도

도덕 : 사회 구성원들이 스스로 마땅히 지켜야 하는 행동 규칙

사회

昌 德 宮

昌 창성할 창
宮 집 궁

창덕궁 : 조선시대에 임금이 상주하던 대궐 중 하나

국어

德 談

談 말씀 담

덕담 : 잘되라고 하는 말

쓰는 순서에 맞게 예쁘게 따라 쓰세요.

총 16획 歷 歷 歷 歷 歷 歷 歷 歷 歷 歷 歷 歷 歷 歷 歷 歷

歷	歷					
지날 력						

총 15획 德 德 德 德 德 德 德 德 德 德 德 德 德 德

德	德					
큰 덕						

 다음 한자의 훈(뜻)과 음(소리)을 쓰세요.

歷   훈 _____ 음 _____

德   훈 _____ 음 _____

 다음 의미에 해당하는 한자에 〇하세요.

01 사회 구성원들이 스스로 마땅히 지켜야 하는 행동 규칙   道德 │ 責任

02 잘 되라고 하는 말   德語 │ 德談

03 대대로 이어 내려온 여러 대   歷代 │ 力對

04 지금까지 겪거나 거쳐 온 직업이나 학력 따위의 일   經力 │ 經歷

1 완성된 로봇에 쓰인 부품과 다른 부분을 보기 에서 찾고 해당하는 한자의 훈(뜻)과 음(소리)을 쓰세요.

臣　凶　束　見　史

2 한자가 둘로 나누어져 있어요. 연결해서 한자를 완성하고 훈(뜻)과 음(소리)을 쓰세요.

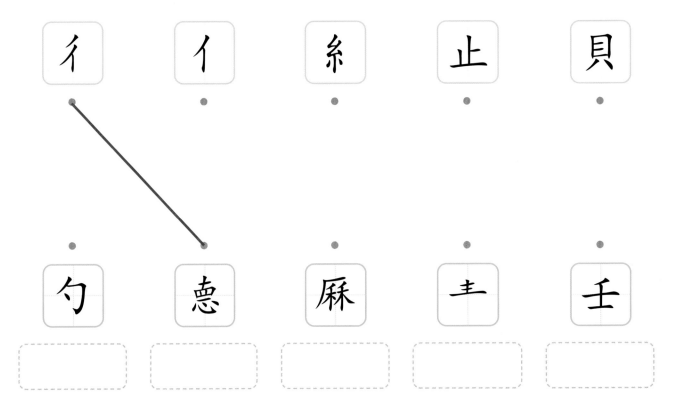

彳　亻　糸　止　貝

勹　悤　厤　圭　壬

3 생육신이 단종에게 가고 있어요. 의미에 해당하는 한자를 빈칸에 써서 단종에게 갈 수 있도록 도와주세요.

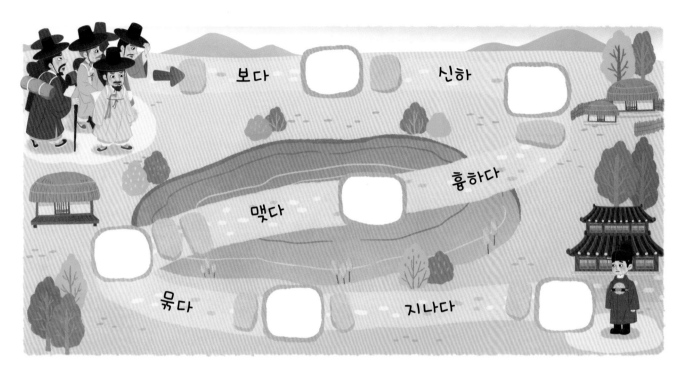

4 그림을 보고 내용과 관련이 깊은 한자어를 찾아 ○ 하세요.

約束　責任　歷史

要約　意見　臣下

1 다음 한자의 훈과 음을 쓰세요.

01 責 훈 _____ 음 _____

02 歷 훈 _____ 음 _____

03 約 훈 _____ 음 _____

2 다음 훈과 음을 가진 한자를 쓰세요.

01 신하 신

02 흉할 흉

03 사기 사

3 다음 밑줄 친 한자어의 독음을 쓰세요.

01 그 사람의 최종 學歷은 대졸입니다.

02 이번 일은 부모님의 意見을 따르기로 했습니다.

03 선호는 반 투표 결과 우리 반 회장으로 任命되었습니다.

04 진호는 회장에 당선된 뒤에도 선거 公約을 지키기 위해 노력합니다.

05 지하철에서 큰 소리로 통화하는 것은 공중 道德에 어긋나는 행동입니다.

4 다음 밑줄 친 한자와 뜻이 반대(또는 상대)되는 한자를 보기 에서 찾아 쓰세요.

보기   史 臣 責 凶

01 세종대왕과 장영실은 君[ ]관계를 넘어 서로의 벗이 되었습니다.
 * 君 임금 군(4급)

5 다음 밑줄 친 한자와 뜻이 같거나 비슷한 한자를 보기 에서 찾아 쓰세요.

보기   束 任 歷 見

01 진영이는 約[ ]시간에 항상 늦습니다.

02 이번 실패는 우리 모두의 責[ ]입니다.

6 다음 제시한 한자어와 뜻에 맞는 동음어를 찾아 번호를 쓰세요.

보기
❶ 事物 ❷ 史記 ❸ 道德
❹ 歷史 ❺ 來歷 ❻ 使臣

01 士氣- ☐ : 역사적 사실을 기록한 책

02 內力- ☐ : 지금까지 지내온 경로 나 경력

03 四神- ☐ : 나라의 명을 받고 외국 에 파견되던 신하

7 다음 뜻에 맞는 한자어를 보기 에서 찾아 번호를 쓰세요.

보기
❶ 自責 ❷ 見聞
❸ 意見 ❹ 和約

01 화목하게 지내자는 약속 ☐

02 자신의 잘못에 대하여 스스로 뉘우치고 꾸짖음 ☐

8 다음 성어의 뜻에 맞게 빈칸에 들어갈 한자를 보기 에서 찾아 쓰세요.

보기
兄 兵 凶 見

01 ☐ 惡無道 [흉악무도] : 성질이 거칠고 사나우며 도덕적인 마음이 없음

02 ☐ 物生心 [견물생심] : 어떠한 실물을 보게 되면 그것을 가지고 싶은 욕심이 생김

9 다음 밑줄 친 단어를 한자로 쓰세요.

01 주말에 방송국 **견학**을 다녀왔습니다.
_____

02 왕의 뜻을 잘 받드는 것이 **신하**의 도리입니다.
_____

03 이 마을에는 버려진 **흉가**가 여러 채 있습니다.
_____

04 친구와 같이 밥 먹기로 한 **약속**을 깜박 잊었습니다.
_____

05 그는 자신의 **책임**을 다른 사람에게 미룬 적이 없습니다.
_____

10 다음 한자의 진하게 표시한 획은 몇 번째 쓰는지 보기 에서 찾아 그 번호를 쓰세요.

보기
❶ 첫 번째 ❷ 두 번째 ❸ 세 번째
❹ 네 번째 ❺ 다섯 번째 ❻ 여섯 번째
❼ 일곱 번째 ❽ 여덟 번째 ❾ 아홉 번째
❿ 열 번째

01 臣 ☐ **02** 責 ☐ **03** 史 ☐

1 다음 한자와 음(소리)이 같은 한자를 고르세요.

01 臣 ☐
　❶任　❷親　❸德　❹新

02 史 ☐
　❶束　❷士　❸以　❹德

03 歷 ☐
　❶約　❷陸　❸凶　❹力

2 다음 한자의 뜻으로 알맞은 것을 고르세요.

01 責 ☐
　❶맺다　❷꾸짖다　❸칭찬하다　❹곱다

02 束 ☐
　❶흉하다　❷맡기다　❸변하다　❹묶다

03 見 ☐
　❶듣다　❷말하다　❸읽다　❹보다

3 다음 한자와 뜻이 반대되거나 상대되는 한자를 고르세요.

01 吉 길할 길[5급] ☐
　❶德　❷歷　❸凶　❹約

4 보기의 단어들과 가장 관련이 깊은 한자를 고르세요.

보기　관객　TV　현미경

01 ❶見　❷史　❸臣　❹責 ☐

보기　전쟁　흉터　괴물

02 ❶神　❷凶　❸農　❹束 ☐

5 다음 한자어의 독음(소리)으로 알맞은 것을 고르세요.

01 見聞 ☐
　❶견학　❷자신　❸구간　❹견문

02 任命 ☐
　❶사물　❷명령　❸임명　❹책임

03 歷代 ☐
　❶역대　❷약정　❸역사　❹약속

6 ▨ 안에 들어갈 알맞은 한자를 고르세요.

01 우리 마을에서 공룡 화석이 **발견** 되었습니다.
　❶發明　❷發展　❸發見　❹見學

02 방음벽 **덕분** 에 조용해졌습니다.
　❶道德　❷分別　❸感情　❹德分

03 내 **임의** 대로 결정할 수 없습니다.

❶發音 ❷任意 ❸住民 ❹注意

7 다음 한자의 훈과 음을 한글로 쓰세요.

01 德 훈＿＿＿＿＿ 음＿＿＿＿

02 任 훈＿＿＿＿＿ 음＿＿＿＿

03 見 훈＿＿＿＿＿ 음＿＿＿＿

8 다음 훈과 음에 맞는 한자를 쓰세요.

01 묶을 속 ☐   02 꾸짖을 책 ☐

03 맺을 약 ☐

9 다음 한자어의 독음을 한글로 쓰세요.

01 先約 ＿＿＿＿＿

02 先入見 ＿＿＿＿＿

03 來歷 ＿＿＿＿＿

10 다음 밑줄 친 한자를 의미에 맞는 한자로 고쳐 쓰세요. (단, 음이 같은 한자로 고칠 것)

01 <u>信</u>下들이 임금 앞에 몸을 굽혀 엎드렸습니다. ☐

02 우리나라는 오천년의 **歷事**를 가지

고 있습니다. ☐

03 친구와 영화보기로 한 **約速**을 새카맣게 잊었습니다. ☐

11 다음 한자성어의 설명을 읽고 ☐에 들어갈 한자를 쓰세요.

先☐之明 [선견지명]

어떤 일이 일어나기 전에 미리 앞을 내다보고 아는 지혜.

(12-13) 교재 99, 103쪽 교과서 한자어를 참고하여 풀어보세요.

12 다음 한자어의 알맞은 뜻을 고르세요.

偏見 ☐ *偏 : 치우칠 편

❶ 뛰어난 의견이나 생각

❷ 공정하지 못하고 한쪽으로 치우친 생각

❸ 어떤 사물이나 현상에 대한 자기의 의견

❹ 의견이나 처지, 속성 따위가 서로 모순됨

13 ☐안에 들어갈 알맞은 한자어를 고르세요.

이 **도시** 에는 많은 고대 건축물이 잘 보존되어 있습니다.

❶都市 ❷農村 ❸所得 ❹便紙

凶臣史約責任見束歷德

황희와 맹사성

황희는 높은 학식과 강직한 **인人품品**으로 고려에서 조선 세종까지 일곱 임금의 신임을 받았어요. 백성을 위해 **양良질質**의 **종種자子**를 만들고 노비 제도를 고쳤으며 '경제육전'을 써서 법을 완비했어요. 세종대왕이 조선의 황금기를 이끈 것도 황희 같은 **위偉대大**한 재상이 곁에 있었기 때문이지요.

나리가
쌀을 나누어 주셨어.
참 따뜻한 분이야.

백성들이 굶주리지
않고 잘 살 수 있게
해야 해!

문장 힌트를 읽고 그림 속에 숨은 한자를 찾아봅시다.

品	良	質	種	偉	性	格	奉	養	調
물건 품	어질 량	바탕 질	씨 종	클 위	성품 성	격식 격	받들 봉	기를 양	고를 조

성性격格이 온화하고 청렴한 맹사성은 고려 말부터 조선 초까지 명재상으로
이름을 날렸어요. 그는 어머니를 지극정성으로 봉奉양養하였고 돌아가시고 나
서는 3년 동안이나 무덤을 지키며 살았어요. 우리 고유 음악인 향악을 정리했고,
자연 속에서 임금님의 은혜를 읊은 시時조調 '강호사시가'를 썼어요.

이 제품의 특**성(性)**을 **조(調)**사해 봅시다.

性

성품 성

부수	忄(심방변)
획수	총 8획
中	性(xìng) 씽

心 + 生 형성

'성품 성'은 마음과 새싹을 그린 모양으로 타고난 심성, 천성이라는 의미를 가지고 있어요.

調

고를 조

부수	言(말씀 언)
획수	총 15획
中	调(tiáo) 티아오

言 + 周 형성

'고를 조'는 오밀조밀하게 짜여 있는 밭과, 말을 하고 있는 입을 그린 모양으로 말이 고르다, 조절하다라는 의미를 가지고 있어요.

교과서 속 숨은 한자

국어

特 性

特 특별할 특

특성 : 어떤 것에만 있는 특수한 성질

과학

性 質

質 바탕 질

성질 : 마음의 흰 바탕, 또는 사물이 가진 특성

사회

女 性

女 여자 녀(여)

여성 : 성별이 여자인 어른

도덕

調 查

查 조사할 사

조사 : 자세히 살펴보거나 찾아봄

사회

調 和

和 화할 화

조화 : 서로 잘 어울림

과학

調 節

節 마디 절

조절 : 균형이 맞게 바로 잡음

쓰는 순서에 맞게 예쁘게 따라 쓰세요.

총 8획 性 性 性 性 性 性 性 性

性	性					
성품 성						

총 15획 調 調 調 調 調 調 調 調 調 調 調 調 調 調

調	調					
고를 조						

性
調
良
奉
養
種
偉
品
格
質

 다음 한자와 음이 같은 한자를 찾아 ○ 하세요.

性 成 生 姓

調 語 朝 祖

 문장을 읽고 밑줄 친 한자의 독음을 써보세요.

01 한글의 <u>特性</u>을 알리는 자료를 많이 만들어야 합니다.

02 사람은 주변 환경과 <u>調和</u>를 이루며 살아가려고 노력합니다.

03 연극에서는 배우의 움직임에 따라 조명의 밝기를 <u>調節</u> 합니다.

04 우리 마을 안전 지도에는 <u>女性</u> 안심 귀갓길 등 안전에 관한 정보가 있습니다.

우리반 회장은 선**량**(良)하고 **봉**(奉)사 정신이 투철합니다.

어질 량

부수	艮(괘 이름 간)
획수	총 7획
中	良(liáng) 리앙

상형

'어질 량'은 지붕이 있는 복도인 회랑을 그린 모양으로 어질다는 의미로 가차되어 사용되고 있어요.

*가차란 한자로 표기하려고 글자의 의미와 상관없이 소리만 빌린 글자를 말해요.

받들 봉

부수	大(큰 대)
획수	총 8획
中	奉(fèng) 펑

丰 + 収 회의

'받들 봉'은 약초를 양손으로 받치고 있는 모양으로 받들다, 섬기다는 의미를 가지고 있어요.

교과서 속 숨은 한자

도덕

良 心

'良'이 단어 첫머리에 올 때는 '양'으로 읽어요.
心 마음 심

양심 : 옳고 그름을 판단하여 도리를 지키려는 바른 마음

국어

不 良

不 아닐 불/부

불량 : 행동이나 태도가 나쁨, 물건의 상태가 나쁨

사회

改 良

改 고칠 개

개량 : 나쁜 점을 보완하여 더 좋게 고침

국어

信 奉

信 믿을 신

신봉 : 생각이나 주장을 옳다고 믿고 받듦

국어

奉 養

養 기를 양

봉양 : 웃어른을 받들어 모심

사회

奉 仕

仕 섬길 사

봉사 : 남을 위해 힘을 씀

쓰는 순서에 맞게 예쁘게 따라 쓰세요.

총 7획 良 良 良 良 良 良 良

良	良					

어질 량

총 8획 奉 奉 奉 奉 奉 奉 奉 奉

奉	奉					

받들 봉

3

性
調
良
奉
養
種
偉
品
格
質

 다음 사자성어의 빈칸에 들어갈 알맞은 한자를 쓰세요.

01 [ ] 藥 苦 口

좋은 약은 입에 쓰다는 뜻으로 충성스
러운 말은 귀에는 거슬리나 자신에게
이로움을 이르는 말

02 [ ] 仕 活 動

국가나 사회 또는 남을 위하여 자신을
돌보지 않고 힘을 바쳐 애쓰는 모든 활
동을 이르는 말

 문장을 읽고 빈칸에 들어갈 알맞은 한자를 써넣어 한자어를 완성하세요.

01 세종을 信 [ ] 하던 학자들도 세종이 한글을 만들고 있음은 알지 못했습니다.

02 전우치는 어머니를 [ ] 養 하며 어렵게 살아가던 사람에게 그림 족자를 주었습니다.

03 우리 동네에는 물건은 있지만 파는 사람이 없는 [ ] 心 문방구가 있습니다.

04 不 [ ] 한 태도와 말투는 상대의 기분을 상하게 합니다.

영양(養)분의 섭취를 위해 종(種)류를 가리지 않고 잘 먹어야 해요.

養
기를 양

부수 食(밥 식)
획수 총 15획
中 养(yǎng) 양

羊 + 食 형성

'기를 양'은 양과 막대를 쥔 손을 그린 모양으로 기르다는 의미를 가지고 있어요.

種
씨 종

부수 禾(벼 화)
획수 총 14획
中 种(zhǒng) 종*

禾 + 重 형성

'씨 종'은 볍씨를 등에 짊어지고 가는 사람을 그린 모양으로 종자라는 의미를 가지고 있어요.

교과서 속 숨은 한자

수학
營 養
營 경영할 영

영양 : 외부에서 양분을 섭취하여 생명을 유지하는 과정

과학
養 魚
魚 물고기 어

양어 : 물고기를 키워 번식하게 함

사회
休 養 林
休 쉴 휴
林 수풀 림(임)

휴양림 : 몸과 마음을 편안하게 쉴 목적으로 만든 숲

사회
種 類
類 무리 류(유)

종류 : 사물의 부분이나 범위를 나누는 갈래

국어
土 種
土 흙 토

토종 : 처음부터 그 땅에서 난 것

과학
滅 種
滅 꺼질 멸

멸종 : 생물의 한 종류가 없어짐

쓰는 순서에 맞게 예쁘게 따라 쓰세요.

| 총 15획 | 養 養 養 養 養 養 養 養 養 養 養 養 養 養 養 |

養	養					
기를 양						

| 총 14획 | 種 種 種 種 種 種 種 種 種 種 種 種 種 種 |

種	種					
씨 종						

다음 그림에서 설명하는 한자가 어떤 것인지 찾아 ○하세요.

   善　養　業　　　種　秋　科

다음 문장의 밑줄 친 부분에 들어갈 알맞은 한자를 쓰세요.

01 각 식품 포장에는 영<u>양</u> 성분이 표시되어 있습니다.

02 우리 가족은 휴<u>양</u>림으로 여행을 다녀왔습니다.

03 멸<u>종</u>한 공룡의 생김새와 생활 모습에 대해 연구합니다.

04 금속 활자는 활자를 조합하여 여러 <u>종</u>류의 책을 인쇄할 수 있습니다.

3

性
調
良
奉
養
種
偉
品
格
質

전기는 **위(偉)**대한 발명**품(品)**입니다.

偉

부수	亻(사람인변)
획수	총 11획
中	伟(wěi) 웨이

偉　偉

人 + 韋 형성

클 위

'클 위'는 성을 둘러싸고 경계를 서는 모습과 사람을 그린 모양으로 사람의 인물 됨됨이가 크다는 의미를 가지고 있어요.

品

부수	口(입 구)
획수	총 9획
中	品(pǐn) 핀

吕　吕　吊　品

口 + 口 + 口 회의

물건 품

'물건 품'은 여러 개의 그릇이 함께 놓여있는 모습으로 등급, 품격이라는 의미를 가지고 있어요.

교과서 속 숨은 한자

국어

偉　人　　人 사람 인

위인 : 뛰어나고 훌륭한 사람

국어

偉　大　　大 큰 대

위대 : 능력이나 업적이 뛰어나고 훌륭함

국어

偉　業　　業 업 업

위업 : 위대한 사업이나 업적

사회

發　明　品　　發 필 발
　　　　　　　 明 밝을 명

발명품 : 없는 물건을 새로 생각하여 만들어 낸 것

과학

品　種　　種 씨 종

품종 : 물건의 종류

과학

商　品　　商 장사 상

상품 : 사고파는 물건

쓰는 순서에 맞게 예쁘게 따라 쓰세요.

총 11획 偉 偉 偉 偉 偉 偉 偉 偉 偉 偉 偉

偉	偉					
클 위						

총 9획 品 品 品 品 品 品 品 品 品

品	品					
물건 품						

 다음 한자와 의미가 유사한 한자를 찾아 ○하세요.

偉 大 小 中

品 物 區 展

 다음 문장의 한자 중에서 틀린 글자를 찾아 ○ 하고 바르게 고치세요.

01 한글 창제는 어느 文字에서도 찾아볼 수 없는 上大한 성취입니다.

02 훈민정음은 百姓을 사랑한 세종 大王이 남긴 가장 큰 立業이었습니다.

03 물건의 重量에 따라 商區의 가격을 다르게 정하기도 합니다.

04 식량의 區種을 改良하는 것은 매우 重要한 일입니다.

格

부수	木(나무 목)
획수	총 10획
中	格(gé) 끄어

격식 격

木 + 各 형성

'격식 격'은 나무와 입구로 발이 들어오는 모습을 그린 모양으로 현재는 바로잡다, 고치다, 잘 다듬어진 인성이라는 의미로 사용해요.

質

부수	貝(조개 패)
획수	총 15획
中	质(zhì) 쯔*
약자	质

바탕 질

斦 + 貝 형성

'바탕 질'은 두 자루의 도끼를 맡기고 돈을 빌리는 모습을 그린 모양으로 나중에 품질, 본질이라는 의미를 가지게 되었어요.

교과서 속 숨은 한자

국어 性 格
性 성품 성

성격 : 고유의 성질이나 품성

국어 體 格
體 몸 체

체격 : 몸의 골격

도덕 資 格
資 재물 자

자격 : 일정한 신분이나 지위, 또는 그것을 위해 필요한 조건이나 능력

국어 品 質
品 물건 품

품질 : 물건의 성질과 바탕

과학 物 質
物 물건 물

물질 : 물체의 본바탕, '재물'을 다르게 이르는 말

과학 質 感
感 느낄 감

질감 : 재료 성질의 차이에 따라 받는 느낌

쓰는 순서에 맞게 예쁘게 따라 쓰세요.

총 10획 格 格 格 格 格 格 格 格 格 格

格	格				
격식 격					

총 15획 質 質 質 質 質 質 質 質 質 質 質 質 質 質 質

質	質				
바탕 질					

 다음 한자의 훈(뜻)과 음(소리)을 쓰세요.

質 훈 _____ 음 _____

格 훈 _____ 음 _____

 다음 의미에 해당하는 한자에 ○하세요.

01 일정한 신분이나 지위   字格 資格

02 물체의 본바탕   物品 物質

03 고유의 성질이나 품성   性格 成格

04 물건의 성질과 바탕   品質 品格

性
調
良
奉
養
種
偉
品
格
質

3

연습문제

1 자연에서 볼 수 있는 것들을 조합하여 입력했을 때 만들 수 있는 한자의 음을 쓰고 알맞은 한자를 연결하세요.

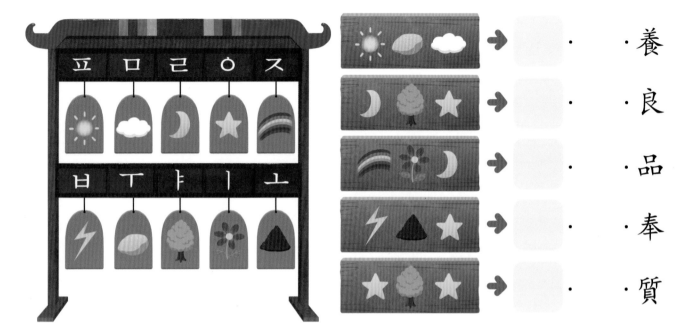

2 한자가 둘로 나누어져 있어요. 연결해서 한자를 완성하고 훈(뜻)과 음(소리)을 쓰세요.

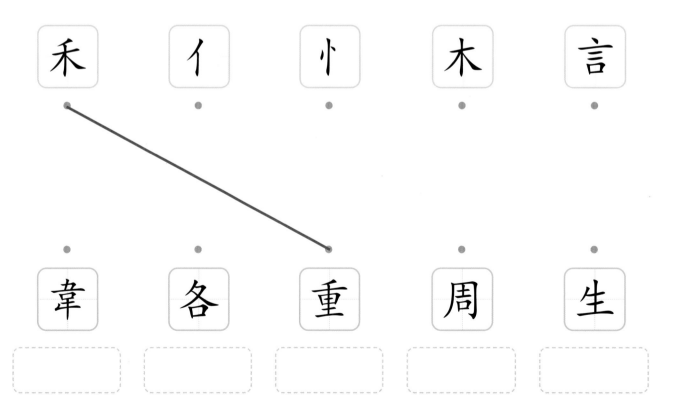

3 누런 소와 검은 소의 등에 적힌 조건을 보고 황희 정승이 우리에게 하고 싶은 말은 무엇인지 찾아 써보세요.

4 다음 숫자 힌트를 보고 규칙을 찾아 알맞은 것끼리 연결하고 어떤 한자어인지 써보세요.

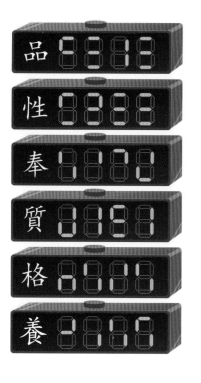

1 다음 한자의 훈과 음을 쓰세요.

01 偉 　훈 _____ 　음 _____

02 奉 　훈 _____ 　음 _____

03 養 　훈 _____ 　음 _____

2 다음 훈과 음을 가진 한자를 쓰세요.

01 어질 량 　[　　]

02 성품 성 　[　　]

03 물건 품 　[　　]

3 교재 54쪽을 참고하여 다음 한자의 약자(略字, 획수를 줄인 한자)를 쓰세요.

01 質 → [　　]

4 다음 밑줄 친 한자어의 독음을 쓰세요.

01 그는 재시험을 거쳐서 겨우 **合格**했습니다. [　　]

02 옷에 꽃무늬를 넣어 여성스러움을 **強調**하였습니다. [　　]

03 이번에 **品種**을 개량하여 수확량이 많이 늘었습니다. [　　]

04 **物質**이 풍족하다고 해서 항상 행복한 것은 아닙니다. [　　]

05 예술적 **感性**을 기르기 위해 다양한 체험활동에 참여했습니다. [　　]

5 다음 밑줄 친 한자와 뜻이 같거나 비슷한 한자를 보기에서 찾아 쓰세요.

보기　性 偉 養 良

01 부모님의 사랑만큼 [　]**大**한 것은 없습니다.

02 자녀의 성격은 부모님의 [　]**育**방식에 많은 영향을 받습니다.

6 다음 제시한 한자어와 뜻에 맞는 동음어를 찾아 번호를 쓰세요.

보기　❶ 良識　❷ 作品　❸ 樹種　❹ 始祖　❺ 調和　❻ 始作

01 數種-[　] : 나무의 종류

02 時調-[　] : 맨 처음이 되는 조상

03 洋式- ☐ : 뛰어난 식견이나 건전
한 판단

7 다음 뜻에 맞는 한자어를 [보기] 에서 찾아 번
호를 쓰세요.

[보기]
❶ 偉業 ❷ 品格
❸ 敎養 ❹ 種族

01 위대한 사업이나 업적 ☐

02 같은 종류의 생물 전체를 이르는 말
☐

8 다음 성어의 뜻에 맞게 빈칸에 들어갈 한자
를 [보기] 에서 찾아 쓰세요.

[보기] 調 質 良 格

01 雨順風 ☐ [우순풍조] : 비가 때
맞추어 알맞게 내리고 바람이 고르게
불어 줌

02 ☐ 藥苦口 [양약고구] : 좋은 약
은 입에 쓰다는 뜻으로 충성스러운 말
은 귀에는 거슬리나 자신에게 이로움
을 이르는 말

9 다음 밑줄 친 단어를 한자로 쓰세요.

01 물과 기름은 섞이지 않는 **성질**이 있
습니다. _____

02 이번 여름방학 때 **위인**전을 많이 읽
었습니다. _____

03 장을 보러 가기 전에 구입할 **품목**을
작성했습니다. _____

04 지역 환경에 맞는 새로운 **종자**를 개
발해야 합니다. _____

05 이번 모임은 **격식**을 차려야 하는 공
식행사입니다. _____

10 다음 한자의 진하게 표시한 획은 몇 번째
쓰는지 [보기] 에서 찾아 그 번호를 쓰세요.

[보기]
❶ 첫 번째   ❷ 두 번째
❸ 세 번째   ❹ 네 번째
❺ 다섯 번째   ❻ 여섯 번째
❼ 일곱 번째   ❽ 여덟 번째
❾ 아홉 번째   ❿ 열 번째

01 良 ☐   02 性 ☐   03 偉 ☐

3

性
調
良
奉
養
種
偉
品
格
質

1 다음 한자와 음(소리)이 같은 한자를 고르세요.

01 性 ☐
  ❶ 省   ❷ 線   ❸ 正   ❹ 奉

02 良 ☐
  ❶ 英   ❷ 約   ❸ 陽   ❹ 場

03 調 ☐
  ❶ 所   ❷ 偉   ❸ 語   ❹ 朝

2 다음 한자의 뜻으로 알맞은 것을 고르세요.

01 偉 ☐
  ❶ 넓다   ❷ 크다   ❸ 높다   ❹ 많다

02 格 ☐
  ❶ 성품   ❷ 물건   ❸ 격식   ❹ 열매

03 養 ☐
  ❶ 먹다   ❷ 고르다   ❸ 어질다   ❹ 기르다

3 보기 의 단어들과 가장 관련이 깊은 한자를 고르세요.

보기 　　　봄　밭　열매

01 ❶ 品   ❷ 種   ❸ 調   ❹ 格 ☐

보기 　　　책임감　열등감　온화함

02 ❶ 性   ❷ 偉   ❸ 奉   ❹ 良 ☐

4 다음 한자어의 독음(소리)으로 알맞은 것을 고르세요.

01 體格 ☐
  ❶ 사격   ❷ 품격   ❸ 체격   ❹ 가격

02 奉養 ☐
  ❶ 춘식   ❷ 봉양   ❸ 우량   ❹ 춘양

03 各種 ☐
  ❶ 석중   ❷ 격중   ❸ 명종   ❹ 각종

5 　 안에 들어갈 알맞은 한자를 고르세요.

01 이 영화는 **인종** 차별 문제를 다룬 영화입니다.
  ❶ 人種   ❷ 人質   ❸ 品種   ❹ 養育

02 우리 팀은 대회 3년 연속 우승이라는 **위업** 을 달성했습니다.
  ❶ 卒業   ❷ 偉力   ❸ 品質   ❹ 偉業

03 이 식당은 요리사가 손님 앞에서 직접 음식을 **조리** 합니다.
  ❶ 祖母   ❷ 調理   ❸ 有利   ❹ 調和

6 다음 한자의 훈과 음을 한글로 쓰세요.

01 性　훈 _____ 음 _____

02 調　훈 _____ 음 _____

03 良　훈 _____ 음 _____

7 다음 훈과 음에 맞는 한자를 쓰세요.

01 받들 봉 ☐　　02 바탕 질 ☐

03 격식 격 ☐

8 다음 한자어의 독음을 한글로 쓰세요.

01 性格　　_____

02 物品　　_____

03 良書　　_____

9 다음 밑줄 친 한자를 의미에 맞는 한자로 고쳐 쓰세요. (단, 음이 같은 한자로 고칠 것)

01 운동 선수들은 체중 朝節에 신경을 많이 씁니다. ☐

02 洋心을 버린 범죄자에게는 엄벌을 내려야 합니다. ☐

03 이 책은 남성보다는 女成들에게 인기가 있습니다. ☐

10 다음 한자성어의 설명을 읽고 ☐ 에 들어갈 한자를 쓰세요.

天下一☐ [천하일품]

매우 뛰어나서 세상에서 견줄 만한 것이 없음, 또는 그러한 물품.

(11-12) 교재 99, 102쪽 교과서 한자어를 참고하여 풀어보세요.

11 다음 한자어의 알맞은 뜻을 고르세요.

主題 ☐

❶ 현장에 가서 직접 보고 조사함

❷ 일한 결과로 얻은 정신적·물질적 이익

❸ 대화나 연구 따위에서 중심이 되는 문제

❹ 둘 이상인 대상의 내용을 맞대어 같고 다름을 검토함

12 ☐ 안에 들어갈 알맞은 한자어를 고르세요.

농촌 의 생활양식이 점점 도시화되어 갑니다.

❶反省　❷記事　❸年表　❹農村

세종대왕과 장영실

세종은 많은 백성들이 한자가 어려워 읽고 쓰지 못하는 것이 무척 안타까웠어요.
법法이 바뀌었다는 방을 붙여도 상商점店의 장사꾼이나 아낙네들은 내용을 잘 알지 못했어요.
그래서 누구나 쉽게 배우고 조금만 연練습習하면 익힐 수 있는 글자를 만들겠다고 결決심心했어요.
집현전 학자들과 글자연구를 위해 노력한 결과 훈민정음이 탄생했어요.

문장 힌트를 읽고 그림 속에 숨은 한자를 찾아봅시다.

法	商	店	練	決	鮮	當	具	變	化
법 법	장사 상	가게 점	익힐 련	결단할 결	고울 선	마땅 당	갖출 구	변할 변	될 화

조朝선鮮시대는 신분제도가 엄격했지만 세종은 관노인 장영실에게 벼슬까지 내려 주었어요.

장영실은 당當시時 최고의 천문학 기술이 구具현現된 간의대와 혼천의를 만들었어요.

간의대는 계절의 변變화化를, 혼천의는 태양이나 달의 움직임을 관찰할 수 있어요.

특별법(法)을 만들기로 결(決)정했습니다.

決
결단할 결

부수 氵(삼수변)
획수 총 7획
中 決(jué) 쥐에

淡 決
水 + 夬 형성

'결단할 결'은 물과 활시위를 그린 모양으로 물길을 터놓는다는 의미를 가졌다가 지금은 결단하다, 결정한다는 의미로 사용되어요.

法
법 법

부수 氵(삼수변)
획수 총 8획
中 法(fǎ) 파

淡 浍 法
水 + 去 회의

'법 법'은 물과, 죄인을 물에 빠뜨려 죄를 심판하는 해치수를 그린 모양으로 법이라는 의미를 가지고 있어요.

교과서 속 숨은 한자

국어
決 定
定 정할 정

결정 : 어떤 것을 분명하게 정함

도덕
解 決
解 풀 해

해결 : 어려운 일이나 문제를 풀어 잘 처리함

사회
多 數 決
多 많을 다
數 셈 수

다수결 : 회의에서 많은 사람의 의견에 따라 정함

사회
法 院
院 집 원

법원 : 재판권을 행사하는 국가기관

사회
不 法
不 아닐 불/부

불법 : 법에 맞지 않음

국어
文 法
文 글월 문

문법 : 말과 글을 쓰는 데 필요한 규칙

쓰는 순서에 맞게 예쁘게 따라 쓰세요.

총 7획 決 決 決 決 決 決 決

決	決					
결단할 결						

총 8획 法 法 法 法 法 法 法 法

法	法					
법 법						

 다음 한자의 훈(뜻)과 음(소리)을 쓰세요.

 決  훈 _____ 음 _____

 法  훈 _____ 음 _____

 다음 의미에 해당하는 한자에 ○하세요.

01 회의에서 많은 사람의 의견에 따라 결정함   多數決 ┊ 少數決

02 어려운 일이나 문제를 풀어 잘 처리함   解決 ┊ 決心

03 재판권을 행사하는 국가 기관   法堂 ┊ 法院

04 말과 글을 쓰는 데 필요한 규칙   文法 ┊ 聞法

決
法
變
當
商
店
具
鮮
化
練

좋은 방향으로의 변(變)화가 당(當)연합니다.

변할 변

부수	言(말씀 언)
획수	총 23획
中	变(biàn) 비엔
약자	変

絲絲 + 攵 형성

'변할 변'은 말이 실에 꼬여버린 모습과 몽둥이를 그린 모양으로 혼란스러운 것을 바로잡는다, 변한다는 의미를 가지고 있어요.

마땅 당

부수	田(밭 전)
획수	총 13획
中	当(dāng) 당
약자	当

尙 + 田 형성

'마땅 당'은 무엇인가 올라가 있는 집과 밭을 그린 모양으로 밭의 크기가 비슷하여 맞바꾸기에 마땅하다는 의미를 가지고 있어요.

교과서 속 숨은 한자

과학
變 化
化 될 화

변화 : 성질, 모양, 상태 등이 바뀌어 달라짐

과학
變 身
身 몸 신

변신 : 몸의 모양이나 태도를 바꿈

도덕
變 更
更 고칠 경

변경 : 다르게 바꾸어 새롭게 고침

과학
適 當
適 맞을 적

적당 : 지나치거나 모자람이 없이 알맞음

사회
當 時
時 때 시

당시 : 일이 있었던 바로 그 때

도덕
妥 當
妥 온당할 타

타당 : 이치에 맞고 마땅함

쓰는 순서에 맞게 예쁘게 따라 쓰세요.

총 23획	變 變 變 變 變 變 變 變 變 變 變 變 變 變 變 變 變

變	變					
변할 변						

총 13획	當 當 當 當 當 當 當 當 當 當 當 當 當

當	當					
마땅 당						

 다음 그림에서 설명하는 한자가 어떤 것인지 찾아 ○하세요.

變　樂

堂　當

다음 문장의 밑줄 친 부분에 들어갈 알맞은 한자를 쓰세요.

01 우리 반의 공연 순서가 **변경**되었습니다.

02 코끼리 똥이 종이로 **변신**하였습니다.

03 식물이 자라는 데는 **적당**한 양의 물과 빛이 필요합니다.

04 고대의 유적을 통해 **당시**의 생활 모습을 알 수 있습니다.

決
法
變
當
商
店
具
鮮
化
練

우리 동네에도 많은 **상점(商店)**이 생겼습니다.

商

장사 상

부수 口(입 구)
획수 총 11획
中 商(shāng) 샹*

言 + 內 회의

'장사 상'은 선반 위에 놓인 항아리를 그린 모양으로 나중에 口를 더해 말을 하며 물건을 판다는 의미를 가지고 있어요.

店

가게 점

부수 广(엄호)
획수 총 8획
中 店(diàn) 디엔

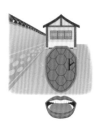

广 + 占 형성

'가게 점'은 담벼락이 있는 집에서 점괘를 말하는 것을 그린 모양으로 가게라는 의미를 가지고 있어요.

교과서 속 숨은 한자

과학

商 品
品 물건 품

상품 : 사고파는 물건

사회

商 業
業 업 업

상업 : 물건을 사고팔며 이익을 얻는 일

사회

協 商
協 화할 협

협상 : 여러 사람이 모여 서로 의논함

과학

精 肉 店
精 정할 정
肉 고기 육

정육점 : 쇠고기, 돼지고기 등을 파는 가게

사회

割 引 店
割 벨 할
引 끌 인

할인점 : 할인된 물건을 주로 파는 가게

국어

書 店
書 글 서

서점 : 책을 파는 가게

쓰는 순서에 맞게 예쁘게 따라 쓰세요.

총 11획 商 商 商 商 商 商 商 商 商 商 商

商	商					
장사 상						

총 8획 店 店 店 店 店 店 店 店

店	店					
가게 점						

 다음 한자에 해당하는 음(소리)을 찾아 ○하세요.

店 점 정 도

商 동 상 향

 문장을 읽고 빈칸에 들어갈 알맞은 한자를 써넣어 한자어를 완성하세요.

01 지하철역 근처에 대형 **割引** ☐ 이 있습니다.

02 ☐ **品**의 가격은 무게에 따라 정해집니다.

03 무역 보드게임에서는 **協** ☐ 이 아주 중요합니다.

04 **書** ☐ 에 가서 마음에 드는 책 두 권을 샀습니다.

모든 생선(鮮)이 구(具)비되어 있어요.

具
갖출 구

부수	八(여덟 팔)
획수	총 8획
中	具(jù) 쥐

昜 昜 具

八 + 目 + 一 회의

'갖출 구'는 솥과 받들고 있는 두 손을 그린 모양으로 신에게 제사 지낼 준비가 되었다, 구비하다, 갖추다는 의미를 가지고 있어요.

鮮
고울 선

부수	魚(물고기 어)
획수	총 17획
中	鮮(xiān) 시엔

鮮 鮮 鮮

魚 + 羊 회의

'고울 선'은 냄새나는 생선을 그린 모양으로 신선한 생선이라는 의미를 가졌다가 지금은 신선하다는 의미로 사용해요.

교과서 속 숨은 한자

국어

器 具
器 그릇 기

기구 : 물건, 도구, 기계와 같은 것

사회

裝 身 具
裝 꾸밀 장
身 몸 신

장신구 : 몸을 꾸미는 물건

국어

道 具
道 길 도

도구 : 일할 때 쓰는 물건

사회

生 鮮
生 날 생

생선 : 먹기 위해 잡은 신선한 물고기

국어

朝 鮮
朝 아침 조

조선 : 1392년 이성계가 고려를 무너뜨리고 세운 나라

국어

新 鮮
新 새 신

신선 : 새롭고 산뜻함

쓰는 순서에 맞게 예쁘게 따라 쓰세요.

총 8획 具 具 具 具 具 具 具 具

具	具					
갖출 구						

총 17획 鮮 鮮 鮮 鮮 鮮 鮮 鮮 鮮 鮮 鮮 鮮 鮮 鮮 鮮 鮮 鮮 鮮

鮮	鮮					
고울 선						

다음 한자와 음이 같은 한자를 찾아 ○하세요.

具 球 用 區   鮮 先 洋 線

문장을 읽고 밑줄 친 한자의 독음을 써보세요.

01 세종 대왕이 꿈꾸던 <u>朝鮮</u>의 모습은 억울한 사람이 없고 태평한 세상입니다. ☐

02 장영실은 천체의 움직임과 방위를 재는 <u>器具</u>인 혼천의를 만들었습니다. ☐

03 과거에는 청동으로 <u>裝身具</u>나 제기를 만들었습니다. ☐

04 오늘 저녁에는 <u>生鮮</u> 구이를 먹었습니다. ☐

화(化)학 실험을 성공하기 위해 많은 연(練)습을 하였습니다.

化
될 화

부수	匕(비수 비)
획수	총 4획
中	化(huà) 화

人 + 匕 회의

'될 화'는 엇갈려 있는 두 사람을 그린 모양으로 사람이 모양을 바꾸어 다른 사람이 되다는 의미를 가지고 있어요.

練
익힐 련

부수	糸(실사변)
획수	총 15획
中	练(liàn) 리엔

糸 + 柬 형성

'익힐 련'은 실과 묶어 놓은 나뭇단을 그린 모양으로 분류한다는 의미로 사용되다가 익히다, 단련한다는 의미로 쓰이게 되었어요.

교과서 속 숨은 한자

退 **化**
退 물러날 퇴

퇴화 : 생물체의 기관이 작아지거나 기능을 잃음

消 **化**
消 사라질 소

소화 : 먹은 음식물을 흡수하기 쉬운 형태로 변화시키는 과정

強 **化**
強 강할 강

강화 : 힘을 더 강하게 하거나 정도를 높임

洗 **練**
洗 씻을 세

세련 : 생김새나 차림새가 깔끔하고 맵시 있음

練 習

'練'이 단어 첫머리에 올 때는 '연'으로 읽어요.
習 익힐 습

연습 : 반복하여 익힘

訓 **練**
訓 가르칠 훈

훈련 : 가르쳐서 익히게 함

쓰는 순서에 맞게 예쁘게 따라 쓰세요.

총 4획 化 化 化 化

化	化						
될 화							

총 15획 練 練 練 練 練 練 練 練 練 練 練 練 練 練 練

練	練						
익힐 련							

 다음 한자와 의미가 유사한 한자를 찾아 ○하세요.

練　習　然　　　　化　北　變

 다음 문장의 한자 중에서 틀린 글자를 찾아 바르게 고치세요.

01 소방서에서는 **學生**들에게 화재 예방 **敎育**과 대비 **訓然**을 실시합니다.

02 **發表會**를 위해 모두 열심히 **年習**합니다.

03 **學校** 앞 어린이 보호 구역에서의 단속이 **強話**됩니다.

04 아침에 먹은 **飮食**이 체한 것 같아서 **小火**제를 먹었습니다.

연습문제

1 한자 當, 變, 商, 店의 음(소리)이나 훈(뜻)이 있는 칸을 색칠한 후 나타나는 한자의 훈(뜻)과 음(소리)을 쓰세요.

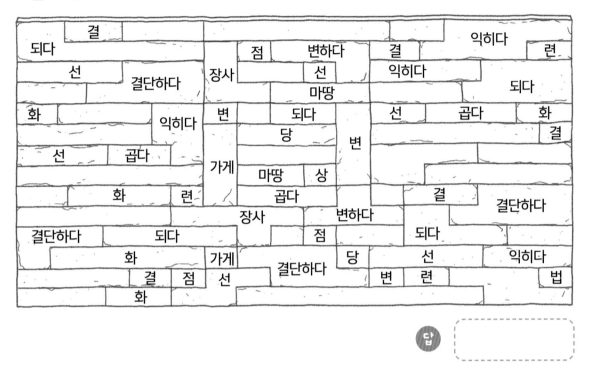

답

2 한자가 둘로 나누어져 있어요. 연결해서 한자를 완성하고 훈(뜻)과 음(소리)을 쓰세요.

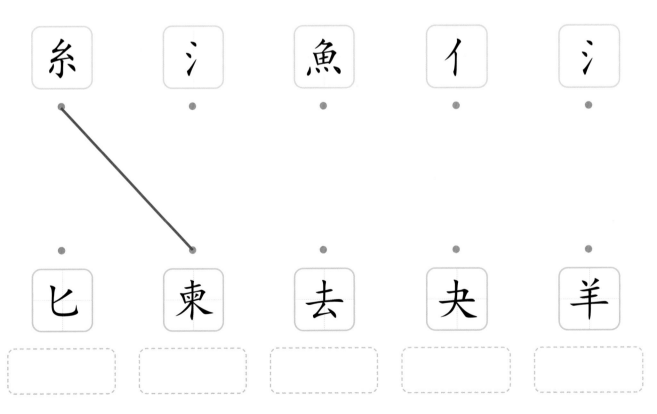

3 장영실이 만든 천상열차분야지도*에 그려진 사신에는 한글 자모가 적혀 있어요. 연결하여 어떤 한자어인지 한자와 독음을 쓰세요.

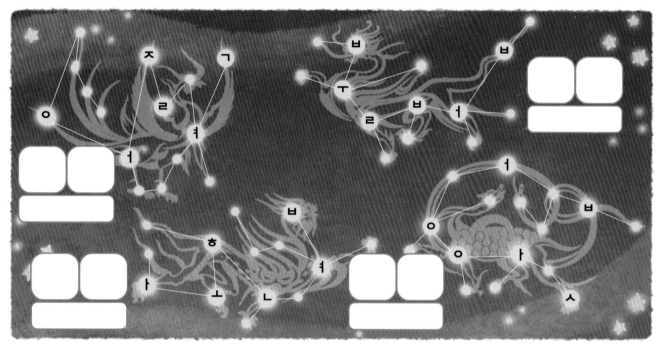

*장영실이 만든 "천상열차 분야지도"는 별자리와 천문학 지식을 담은 지도예요. 그림과 숫자로 천문학적 사건을 예측하고 달력을 만들 때 사용했어요.

4 다음 그림에 해당하는 한자어를 찾아 ○하세요.

( )　洗練　洗手

( )　道具　道口

( )　新線　新鮮

( )　割引店　精肉店

1 다음 한자의 훈과 음을 쓰세요.

01 店 훈_____ 음_____

02 鮮 훈_____ 음_____

03 具 훈_____ 음_____

2 다음 훈과 음을 가진 한자를 쓰세요.

01 법 법 ☐

02 결단할 결 ☐

03 될 화 ☐

3 교재 66쪽을 참고하여 다음 한자의 약자(略字, 획수를 줄인 한자)를 쓰세요.

01 變 → ☐   02 當 → ☐

4 다음 밑줄 친 한자어의 독음을 쓰세요.

01 이 방법은 원칙에 어긋난 便法입니다. ☐

02 필기도구를 사기 위해 文具店에 왔습니다. ☐

03 청소 當番은 지각한 사람이 맡기로 했습니다. ☐

04 밥 먹은 게 消化가 잘 안되어 속이 메슥거립니다. ☐

05 건강을 위해 매일 1시간씩 운동하기로 決心했습니다. ☐

5 다음 밑줄 친 한자와 뜻이 같거나 비슷한 한자를 보기에서 찾아 쓰세요.

보기   具 化 練 決

01 환절기에는 아침저녁으로 기온의 變☐가 심합니다.

02 노래 ☐習을 너무 많이 해서 목이 쉬었습니다.

6 다음 제시한 한자어와 뜻에 맞는 동음어를 찾아 번호를 쓰세요.

보기 ❶ 變化 ❷ 決死 ❸ 練習
     ❹ 鮮度 ❺ 文具 ❻ 當身

01 結使-☐ : 죽기를 각오하고 결심함

02 線圖-☐ : 생선이나 야채 따위의 신선한 정도

03 堂神-☐ : 듣는 사람을 가리키는 이인칭 대명사

7 다음 뜻에 맞는 한자어를 보기 에서 찾아 번호를 쓰세요.

> 보기
> ❶ 材木   ❷ 米商
> ❸ 開店   ❹ 內陸

01 새로 가게를 내어 처음으로 영업을 시작함 ☐

02 쌀 장사 ☐

8 다음 성어의 뜻에 맞게 빈칸에 들어갈 한자를 보기 에서 찾아 쓰세요.

> 보기   決 兵 結 變

01 速戰速☐ [속전속결] : 싸움을 오래 끌지 않고 빨리 몰아쳐서 이기고 지는 것을 결정함

02 萬古不☐ [만고불변] : 아주 오랜 세월 동안 변하지 않음

9 다음 밑줄 친 단어를 한자로 쓰세요.

01 하교하는 길에 <u>서점</u>에 들러서 문제집을 샀습니다. _____

02 기억을 더듬어 사고 <u>당시</u>의 상황을 설명했습니다. _____

03 체중 조절을 위해 하루 두 끼만 먹기로 <u>결심</u>했습니다. _____

04 인터넷에 샌드위치 만드는 <u>방법</u>을 검색해 보았습니다. _____

05 우리는 선조들이 남긴 전통<u>문화</u>를 잘 보존해야 합니다. _____

10 다음 한자의 진하게 표시한 획은 몇 번째 쓰는지 보기 에서 찾아 그 번호를 쓰세요.

> 보기
> ❶ 첫 번째   ❷ 두 번째
> ❸ 세 번째   ❹ 네 번째
> ❺ 다섯 번째 ❻ 여섯 번째
> ❼ 일곱 번째 ❽ 여덟 번째
> ❾ 아홉 번째 ❿ 열 번째

01 商 ☐   **02** 練 ☐   **03** 決 ☐

1 다음 한자와 음(소리)이 같은 한자를 고르세요.

01 商 ☐
  ❶高 ❷上 ❸場 ❹成

02 決 ☐
  ❶鮮 ❷結 ❸當 ❹卒

03 具 ☐
  ❶練 ❷家 ❸區 ❹變

2 다음 한자의 뜻으로 알맞은 것을 고르세요.

01 店 ☐
  ❶광장 ❷가게 ❸학교 ❹마당

02 鮮 ☐
  ❶갖추다 ❷당연하다 ❸변하다 ❹곱다

03 練 ☐
  ❶익히다   ❷결단하다
  ❸펼치다   ❹전하다

3 [보기]의 단어들과 가장 관련이 깊은 한자를 고르세요.

[보기] 염색 카멜레온 날씨

01 ❶當 ❷具 ❸鮮 ❹變 ☐

[보기] 판사 벌금 정의

02 ❶店 ❷練 ❸法 ❹化 ☐

4 다음 한자어의 독음(소리)으로 알맞은 것을 고르세요.

01 店主 ☐
  ❶광주 ❷점주 ❸상주 ❹점왕

02 當面 ☐
  ❶당면 ❷당상 ❸부상 ❹부남

03 立法 ☐
  ❶입결 ❷입법 ❸위법 ❹방법

5 ☐ 안에 들어갈 알맞은 한자를 고르세요.

01 선호는 연우와 팔씨름 **대결** 을 벌였습니다.
  ❶代立 ❷大會 ❸集結 ❹對決

02 우리 도시는 예로부터 **상업** 과 관광의 중심지였습니다.
  ❶商店 ❷南部 ❸南海 ❹商業

03 이번 상품은 우리 회사만의 **특화** 된 기술로 만들었습니다.
  ❶對話 ❷特化 ❸特別 ❹生花

6 다음 한자의 훈과 음을 한글로 쓰세요.

01 商   훈 _____   음 _____

02 練   훈 _____   음 _____

03 變   훈 _____   음 _____

7 다음 훈과 음에 맞는 한자를 쓰세요.

01 마땅 당 ☐   02 가게 점 ☐

03 갖출 구 ☐

8 다음 한자어의 독음을 한글로 쓰세요.

01 化學   _____

02 具現   _____

03 決算   _____

9 다음 밑줄 친 한자를 의미에 맞는 한자로 고쳐 쓰세요. (단, 음이 같은 한자로 고칠 것)

01 음식이 너무 기름져서 消花가 잘 안 됩니다. ☐

02 죄를 지으면 벌을 받는 것은 堂然한 이치입니다. ☐

03 내일 있을 경기에서 최종 승부가 結定될 것입니다. ☐

10 다음 한자성어의 설명을 읽고 ( )에 들어 갈 한자를 쓰세요.

士農工☐ [사농공상]

예전에 백성을 나누던 네 계급 (선비, 농부, 수공업장인, 상인)

(11-12) 교재 102, 103쪽 교과서 한자어를 참고 하여 풀어보세요.

11 다음 한자어의 알맞은 뜻을 고르세요.

地圖 ☐

❶ 땅속으로 만든 길

❷ 여러 갈래로 갈린 길

❸ 대대로 이어 내려오는 가문의 사회적 신분이 나 지위

❹ 지구 표면의 상태를 일정한 비율로 줄여서 평 면에 나타낸 그림

12 ☐ 안에 들어갈 알맞은 한자어를 고르세요.

박물관에 가서 여러 종류의 공룡 화석 을 보았습니다.

❶ 素材   ❷ 都市   ❸ 年表   ❹ 化石

決法變當商店具鮮化練

신사임당과 율곡이이

신사임당은 어린 시時절節부터 풀과 벌레에 관關심心과 애愛정情이 많았어요.

그림에 남다른 재才능能이 있던 그녀는 풀과 벌레를 그린 초충도*를 자주 그렸어요.

초충도 속 벌레는 실實물物과 너무 닮아서 닭이 다가와 진짜 먹이인 줄 알고 구멍을 내놓았어요.

요놈 참 맛있겠다!

먹지 마!
이거 그림이라구!

문장 힌트를 읽고 그림 속에 숨은 한자를 찾아봅시다.

節	關	情	能	實	産	必	要	知	識
마디 절	관계할 관	뜻 정	능할 능	열매 실	낳을 산	반드시 필	요긴할 요	알 지	알 식

*초충도란 풀에서 사는 벌레를 그린 그림을 말해요.

신사임당은 일곱 명의 자녀를 출出산産했어요.

셋째인 율곡은 나라에서 꼭 필必요要한 정치가이자 학자로 성장했어요.

그가 쓴 격몽요결은 단순한 지知식識이 아닌 교훈을 주는 교과서로 사용되었어요.

책을 읽으며 문화유산(産)에 대한 지(知)식을 얻었습니다.

産
낳을 산

- 부수 生(날 생)
- 획수 총 11획
- 中 产(chǎn) 찬*

产 + 生 형성

'낳을 산'은 집에서 출산한 아이를 그린 모양으로 낳다라는 의미를 가지고 있어요.

知
알 지

- 부수 矢(화살 시)
- 획수 총 8획
- 中 知(zhī) 쯔*

矢 + 口 회의

'알 지'는 화살과 입을 그린 모양으로 화살이 꿰뚫듯 정확하게 알다라는 의미를 가지고 있어요.

교과서 속 숨은 한자

사회
財 産 財 재물 재

재산 : 돈, 땅, 보석과 같은 금전적 가치가 있는 것

사회
遺 産 遺 남길 유

유산 : 죽은 사람이 남긴 재산, 선조가 남긴 가치 있는 사물 또는 문화

국어
生 産 生 날 생

생산 : 인간이 필요한 각종 물건을 만들어 냄

국어
知 識 識 알 식

지식 : 배우거나 경험하여 알게 된 것

국어
知 能 能 능할 능

지능 : 두뇌를 쓰는 일에서 보이는 능력

도덕
知 性 性 성품 성

지성 : 깨달은 것을 바탕으로 새로운 것을 판단하고 이해하는 능력

쓰는 순서에 맞게 예쁘게 따라 쓰세요.

총 11획	産 産 産 産 産 産 産 産 産 産 産					
産 낳을 산	産					

총 8획	知 知 知 知 知 知 知 知					
知 알 지	知					

다음 한자와 음이 같은 한자를 찾아 ○하세요.

知　地　室　紙

産　生　山　算

문장을 읽고 밑줄 친 한자의 독음을 써보세요.

01 문화 <u>遺産</u>에는 우리의 역사와 조상들의 정신이 담겨 있습니다.

02 우리나라에서 <u>生産</u>한 제품은 성능이 좋습니다.

03 인간은 다른 동물보다 <u>知能</u>이 높고 뛰어납니다.

04 신사임당은 높은 교양과 <u>知性</u>을 지녔습니다.

물을 절(節)약해야 하는 것은 상식(識)입니다.

節
마디 절

부수	竹(대나무 죽)
획수	총 15획
中	节(jié) 지에

竹 + 卽 형성

'마디 절'은 식기 앞에 무릎 꿇고 앉은 사람을 그린 모양으로 마디라는 의미를 가지고 있어요.

識
알 식

부수	言(말씀 언)
획수	총 19획
中	识(shí) 스*

言 + 戠 형성

'알 식'은 원래 깃발을 그린 모양으로 나중에 言과 音이 추가되어 말이나 소리를 통하여 식별하다라는 의미를 가지게 되었어요.

교과서 속 숨은 한자

사회

節 約
約 맺을 약

절약 : 아껴서 씀

도덕

節 制
制 절제할 제

절제 : 알맞게 조절하여 정도를 넘지 않도록 함

도덕

節 次
次 버금 차

절차 : 일을 하는 순서나 방법

국어

意 識
意 뜻 의

의식 : 사물이나 일에 대한 깨달음이나 생각

과학

認 識
認 알 인

인식 : 사물을 분별하고 판단하여 앎

사회

常 識
常 떳떳할 상

상식 : 사람들이 보통 알고 있거나 알아야 하는 지식

쓰는 순서에 맞게 예쁘게 따라 쓰세요.

총 15획 　節 節 節 節 節 節 節 節 節 節 節 節 節 節 節

節	節				
마디 절					

총 19획 　識 識 識 識 識 識 識 識 識 識 識 識 識

識	識				
알 식					

 다음 한자와 의미가 유사한 한자를 찾아 ○하세요.

節　村　寸　等　　　　識　知　聞　食

 다음 문장의 한자 중에서 틀린 글자를 찾아 바르게 고치세요.

01 학급 친구들과 초등 學生의 질서 衣食을 높이는 方法을 토의했습니다.

02 平和적인 節車를 통하여 갈등을 해결해야 합니다.

03 問題를 풀기 위해서 탐구할 부분을 정확하게 人式해야 합니다.

04 정해진 時間 동안만 게임을 하는 것도 節弟입니다.

내 친구는 사람들과 관(關)계를 잘 맺는 능(能)력이 있어요.

關
관계할 관

부수	門(문 문)
획수	총 19획
中	关(guān) 꾸안
약자	関

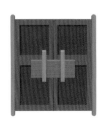

開　關　關
門 + 絲 형성

'관계할 관'은 빗장을 달은 문을 그린 모양으로 처음에는 닫다라는 의미로 사용되다가 나중에 관계하다라는 의미를 가지게 되었어요.

能
능할 능

부수	月(육달월)
획수	총 10획
中	能(néng) 넝

能
상형

'능할 능'은 곰을 그린 모양으로 곰이라는 의미로 사용되다가 재능이라는 의미로 가차되어 능력, 능하다라는 의미를 가지게 되었어요.

교과서 속 숨은 한자

사회
關　稅
稅 세금 세
관세 : 수출이나 수입하는 물건에 부과하는 세금

도덕
關　係
係 맬 계
관계 : 서로 관련을 맺거나 관련이 있음

사회
機　關
機 틀 기
기관 : 어떤 일을 해 나가려고 만든 조직이나 단체

국어
能　力
力 힘 력(역)
능력 : 일을 맡아서 해낼 수 있는 힘

사회
可　能
可 옳을 가
가능 : 할 수 있거나 될 수 있음

도덕
不　可　能
不 아닐 불/부
可 옳을 가
불가능 : 가능하지 않음

쓰는 순서에 맞게 예쁘게 따라 쓰세요.

총 19획 　關 關 關 關 關 關 關 關 關 關 關 關

關	關					
관계할 관						

총 10획 　能 能 能 能 能 能 能 能 能 能

能	能					
능할 능						

 다음 한자의 훈(뜻)과 음(소리)을 쓰세요.

  　能　훈 ＿＿＿＿ 음 ＿＿＿

  　關　훈 ＿＿＿＿ 음 ＿＿＿

 다음 의미에 해당하는 한자에 ○하세요.

01 할 수 있거나 될 수 있음　　　　　　可能　決定

02 어떤 일을 해 나가려고 만든 조직이나 단체　　機關　學校

03 일을 맡아서 해낼 수 있는 힘　　　　　氣力　能力

04 서로 관련을 맺거나 관련이 있음　　　　對面　關係

5

産
知
節
識
關
能
實
情
必
要

여러 가지 **실(實)**험을 통해 유익한 **정(情)**보를 얻었어요.

實
열매 실

부수	宀(집 면)
획수	총 14획
中	实(shí) 스*
약자	実

宀 + 貫 회의

'열매 실'은 밭과 재물이 풍족한 집을 그린 모양으로 열매, 재물이라는 의미를 가지고 있어요.

情
뜻 정

부수	忄(심방변)
획수	총 11획
中	情(qíng) 칭

忄 + 靑 형성

'뜻 정'은 마음과 우물을 그린 모양으로 순수하고 맑은 사람의 마음, 거짓없는 사실이라는 의미를 가지고 있어요.

교과서 속 숨은 한자

과학
實 驗
驗 시험 험
실험 : 실제로 해 봄

국어
確 實
確 굳을 확
확실 : 틀림없음

도덕
誠 實
誠 정성 성
성실 : 정성스럽고 참됨

도덕
友 情
友 벗 우
우정 : 친구 사이의 정

국어
事 情
事 일 사
사정 : 일의 형편

사회
情 報
報 갚을/알릴 보
정보 : 어떤 것에 대한 지식이나 자료

쓰는 순서에 맞게 예쁘게 따라 쓰세요.

총 14획　實 實 實 實 實 實 實 實 實 實 實 實 實 實

實	實					
열매 실						

총 11획　情 情 情 情 情 情 情 情 情 情 情

情	情					
뜻 정						

 다음 한자와 의미가 유사한 한자를 찾아 ○하세요.

實　集　來　果

情　音　意　清

 문장을 읽고 빈칸에 들어갈 알맞은 한자를 써넣어 한자어를 완성하세요.

01　그는 항상 誠 □ 한 모습으로 임무를 수행합니다.

02　광고만으로는 確 □ 한 성능을 알기 어려웠습니다.

03　말을 할 때에는 듣는 사람의 事 □ 도 고려해야 합니다.

04　문제 해결을 위해서 필요한 □ 報 를 수집해야 합니다.

필요(必要)한 것을 정리해서 제출하세요.

반드시 필

부수 心(마음 심)
획수 총 5획
中 必(bì) 삐

八 + 弋 회의

'반드시 필'은 물을 퍼 담은 바가지를 그린 모양으로 반드시, 틀림없이라는 의미의 글자로 가차되어 사용되고 있어요.

요긴할 요

부수 襾(덮을 아)
획수 총 9획
中 要(yào) 야오

襾 + 女 상형

'요긴할 요'는 허리에 손을 올리고 있는 여자를 그린 모양으로 허리라는 의미를 가졌다가 나중에 중요하다, 요긴하다라는 의미를 가지게 되었어요.

교과서 속 숨은 한자

必 須
須 모름지기 수

필수 : 반드시 있어야 함

必 讀
讀 읽을 독

필독 : 반드시 읽어야 함

必 要
要 요긴할 요

필요 : 반드시 요구되는 바가 있음

要 素
素 본디 소

요소 : 사물이 이루어지기 위해 꼭 필요한 성분

要 約
約 맺을 약

요약 : 말이나 글의 요점을 잡아서 간추림

要 因
因 인할 인

요인 : 어떤 일이 일어나는 중요한 원인

쓰는 순서에 맞게 예쁘게 따라 쓰세요.

총 5획	必 必 必 必 必					
必	必					
반드시 필						

총 9획	要 要 要 要 要 要 要 要 要					
要	要					
요긴할 요						

다음 그림에서 설명하는 한자가 어떤 것인지 찾아 ○하세요.

        必　心

        要　安

다음 문장의 밑줄 친 부분에 들어갈 알맞은 한자를 쓰세요.

01 현대 사회에서 컴퓨터 능력은 **필수**로 갖추어야 합니다.

02 날씨의 **요소**에는 습도와 바람, 기압 등이 있습니다.

03 **필독** 도서를 끝까지 읽고 책의 내용을 간추려 봅시다.

04 사회자가 오늘 토론한 내용을 **요약**하여 정리했습니다.

1 출발지점에 있는 율곡이이가 명령어 대로 이동했을 때 만나는 한자는 무엇인지 쓰세요.

知	識	要	
情	節	能	關
實		知	
産	情	實	
能		必	識

❶ 右1 → 上2

❷ 左1 → 下2 → 左1 → 上1

❸ 左2 → 上1 → 右1

❹ 上1 → 右2

❺ 右2 → 下2 → 左2

2 한자가 둘로 나누어져 있어요. 연결해서 한자를 완성하고 훈(뜻)과 음(소리)을 쓰세요.

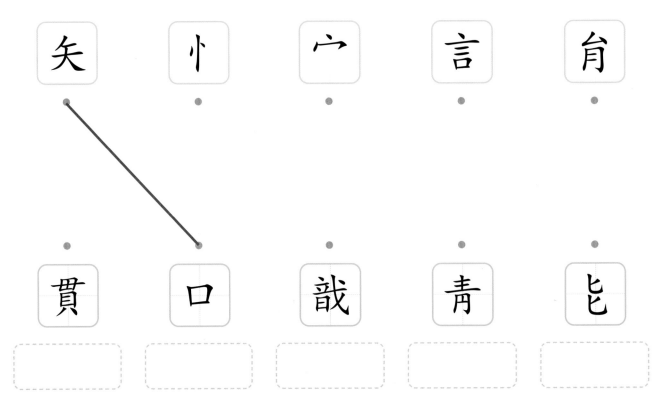

矢　忄　宀　言　育

貫　口　戠　靑　匕

3 규칙에 따라 버튼을 눌렀을 때 화면에 어떤 한자어가 나오는 지 써보세요.

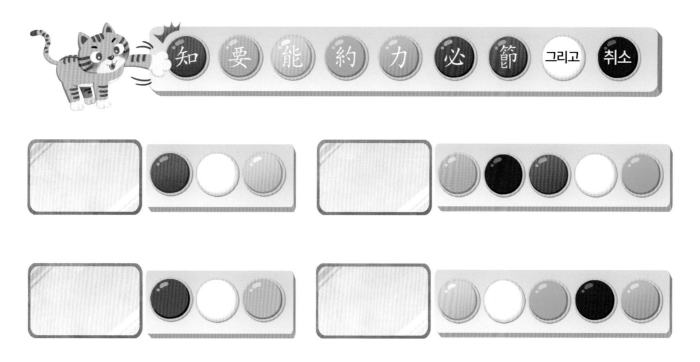

5

産
知
節
識
關
能
實
情
必
要

4 다음 글을 읽고 빈칸에 들어갈 한자어를 보기 에서 찾아 쓰세요.

보기 實驗 關係 常識 財産 友情

☐ 과 행복의
☐ 는 반드시
비례하는 것은 아니다.

아무리 ☐ 이 두터워도
잘못을 뒤집어쓰는 건
☐ 적이지 않아.

1 다음 한자의 훈과 음을 쓰세요.

01 識 훈_____ 음_____

02 關 훈_____ 음_____

03 能 훈_____ 음_____

2 다음 훈과 음을 가진 한자를 쓰세요.

01 요긴할 요 〔　〕

02 알 지 〔　〕

03 뜻 정 〔　〕

3 교재 86, 87쪽을 참고하여 다음 한자의 약자(略字, 획수를 줄인 한자)를 쓰세요.

01 關 ➡ 〔　〕

02 實 ➡ 〔　〕

4 다음 밑줄 친 한자어의 독음을 쓰세요.

01 강아지가 주인의 關心을 끌기 위해 불쌍한 표정을 지었습니다.

〔　〕

02 두 선수는 우승을 위해 必死적으로 싸웠습니다. 〔　〕

03 節電을 위해 실내 냉방온도를 약간 높였습니다. 〔　〕

04 우리나라의 반도체 産業은 눈부시게 발전했습니다. 〔　〕

05 그가 세운 계획은 現實적으로 실행하기 어렵습니다. 〔　〕

5 다음 밑줄 친 한자와 뜻이 같거나 비슷한 한자를 보기 에서 찾아 쓰세요.

보기　　識　産　情　實

01 나는 탄산음료보다는 果〔　〕음료를 좋아합니다.

02 그동안 배운 과학 知〔　〕을 실생활에 응용해 보았습니다.

6 다음 제시한 한자어와 뜻에 맞는 동음어를 찾아 번호를 쓰세요.

> 보기
> ❶ 實例　❷ 結果　❸ 實學
> ❹ 意識　❺ 工産　❻ 表情

01 失禮-☐ : 구체적인 실제의 예

02 公算-☐ : 원료를 인력이나 기계력으로 가공하여 만들어내는 물건

03 衣食-☐ : 깨어 있는 상태에서 자기 자신이나 사물에 대하여 인식하는 작용

7 다음 뜻에 맞는 한자어를 보기 에서 찾아 번호를 쓰세요.

> 보기 ❶ 必要　❷ 識者　❸ 必勝　❹ 讀者

01 반드시 이김 ☐

02 학식, 견식, 상식이 있는 사람 ☐

8 다음 성어의 뜻에 맞게 빈칸에 들어갈 한자를 보기 에서 찾아 쓰세요.

> 보기　情　知　實　要

01 以☐直告 [이실직고] : 사실 그대로 고함

02 聞一☐十 [문일지십] : 하나를 들으면 열을 앎

9 다음 밑줄 친 단어를 한자로 쓰세요.

01 내 친구 정민이는 친절하고 **인정**이 많습니다. _____

02 이 영화는 자동차 추격 장면이 매우 **실감**납니다. _____

03 추석 **명절** 때 마다 어머니는 송편을 빚으십니다. _____

04 선생님은 각자의 **능력**에 맞게 과제를 내주셨습니다. _____

05 운동을 할 때는 기본자세를 익히는 것이 **중요**합니다. _____

10 다음 한자의 진하게 표시한 획은 몇 번째 쓰는지 보기 에서 찾아 그 번호를 쓰세요.

> 보기
> ❶ 첫 번째　　❷ 두 번째
> ❸ 세 번째　　❹ 네 번째
> ❺ 다섯 번째　❻ 여섯 번째
> ❼ 일곱 번째　❽ 여덟 번째
> ❾ 아홉 번째　❿ 열 번째

01 情☐　02 能☐　03 知☐

1 다음 한자와 음(소리)이 같은 한자를 고르세요.

01 實 ☐
   ❶ 任　❷ 失　❸ 鮮　❹ 新

02 知 ☐
   ❶ 氣　❷ 地　❸ 質　❹ 材

03 産 ☐
   ❶ 算　❷ 鮮　❸ 線　❹ 直

2 다음 한자의 뜻으로 알맞은 것을 고르세요.

01 要 ☐
   ❶ 알다　❷ 꾸짖다　❸ 요긴하다　❹ 심다

02 能 ☐
   ❶ 지치다　❷ 능하다　❸ 확인하다　❹ 낳다

03 識 ☐
   ❶ 말하다　❷ 듣다　❸ 묻다　❹ 알다

3 보기 의 단어들과 가장 관련이 깊은 한자를 고르세요.

| 보기 | 대나무　악보　손바닥 |

01 ❶ 節　❷ 識　❸ 情　❹ 實 ☐

| 보기 | 생일　공장　아기 |

02 ❶ 知　❷ 産　❸ 必　❹ 能 ☐

4 다음 한자어의 독음(소리)으로 알맞은 것을 고르세요.

01 感情 ☐
   ❶ 우정　❷ 감사　❸ 실감　❹ 감정

02 必然 ☐
   ❶ 심연　❷ 필요　❸ 필연　❹ 책임

03 關門 ☐
   ❶ 한문　❷ 관문　❸ 관상　❹ 연문

5 안에 들어갈 알맞은 한자를 고르세요.

01 오늘 회의의 **주요** 내용은 다음과 같
   습니다.
   ❶ 住所　❷ 重要　❸ 主要　❹ 實學

02 그는 두 상품을 살피더니 진품을 바로
   식별 해냈습니다.
   ❶ 作別　❷ 識別　❸ 植物　❹ 産業

03 나는 노래와 춤에 **재능** 이 있어 뮤
   지컬배우가 되고 싶습니다.
   ❶ 名節　❷ 能力　❸ 物情　❹ 才能

6 다음 한자의 훈과 음을 한글로 쓰세요.

01 知 훈_____ 음_____

02 實 훈_____ 음_____

03 要 훈_____ 음_____

7 다음 훈과 음에 맞는 한자를 쓰세요.

01 반드시 필 ☐

02 능할 능 ☐

03 알 식 ☐

8 다음 한자어의 독음을 한글로 쓰세요.

01 意識 _____

02 産油國 _____

03 節氣 _____

9 다음 밑줄 친 한자를 의미에 맞는 한자로 고쳐 쓰세요. (단, 음이 같은 한자로 고칠 것)

01 이모가 쌍둥이를 **出山**했다는 소식을 들었습니다. ☐

02 그는 고개를 끄덕이며 이해한다는 **表正**을 지었습니다. ☐

03 이 장난감은 어린아이의 **地能** 발달에도 도움이 됩니다. ☐

10 다음 한자성어의 설명을 읽고 ☐ 에 들어갈 한자를 쓰세요.

多 ☐ 多感 [다정다감]
정이 많고 감정이 풍부함

(11-12) 교재 101쪽 교과서 한자어를 참고하여 풀어보세요.

11 다음 한자어의 알맞은 뜻을 고르세요.

實踐 ☐ * 踐 : 밟을 천(3급)

❶ 생각한 바를 실제로 행함
❷ 어떤 목적이나 방향으로 남을 가르쳐 이끎
❸ 대대로 이어 내려오는 가문의 사회적 신분이나 지위
❹ 다른 사람과 앞으로의 일을 어떻게 할 것인가를 미리 정하여 둠

12 ☐ 안에 들어갈 알맞은 한자어를 고르세요.

올바른 식습관 형성을 위해 식사 ☐예절☐ 교육을 실시했습니다.

❶ 禮法 ❷ 知識 ❸ 禮節 ❹ 關心

家族 가족

| 家 | 부수 宀 획수 10 | 집 가 |
| 族 | 부수 方 획수 11 | 겨레 족 |

부부를 기초로 하여 한 가정을 이루는 사람들

公共 공공

| 公 | 부수 八 획수 4 | 공평할 공 |
| 共 | 부수 八 획수 6 | 한가지 공 |

사회의 여러 사람에게 관계되는 것

角 각

| 角 | 부수 角 획수 7 | 뿔 각 |

면과 면이 만나 이루어지는 모서리

觀光客 관광객

觀	見 24	볼 관
光	儿 6	빛 광
客	宀 9	손 객

다른 지방이나 다른 나라의 풍경이나 풍물 등을 구경하러 다니는 사람

感想 감상

| 感 | 부수 心 획수 13 | 느낄 감 |
| 想 | 부수 心 획수 13 | 생각 상 |

마음에서 일어나는 느낌이나 생각

觀察 관찰

| 觀 | 부수 見 획수 24 | 볼 관 |
| 察 | 부수 宀 획수 14 | 살필 찰 |

사물이나 현상을 주의하여 자세히 살펴봄

經濟 경제

| 經 | 부수 糸 획수 13 | 지날 경 |
| 濟 | 부수 氵 획수 17 | 건널 제 |

인간의 생활에 필요한 재화나 용역을 생산, 분배, 소비하는 모든 활동

求愛行動 구애행동

求	水 7	구할 구
愛	心 13	사랑 애
行	行 6	다닐 행
動	力 11	움직일 동

사랑을 구하는 행동

固體 고체

| 固 | 부수 囗 획수 8 | 굳을 고 |
| 體 | 부수 骨 획수 23 | 몸 체 |

일정한 모양과 부피를 가진 물체

國寶 국보

| 國 | 부수 囗 획수 11 | 나라 국 |
| 寶 | 부수 宀 획수 20 | 보배 보 |

국가가 보호 관리하는 문화재

記事 기사	記 부수 言 / 획수 10	事 부수 亅 / 획수 8
	기록할 **기**	일 **사**

사실을 적음. 혹은 적은 글

都市 도시	都 부수 阝 / 획수 12	市 부수 巾 / 획수 5
	도읍 **도**	저자 **시**

일정한 지역의 정치, 경제, 문화의 중심이 되는 사람이 많이 사는 지역

農村 농촌	農 부수 辰 / 획수 13	村 부수 木 / 획수 7
	농사 **농**	마을 **촌**

주민의 대부분이 농업에 종사하는 마을이나 지역

等高線 등고선	等 ⺮ 12	高 高 10	線 糸 15
	무리 **등**	높을 **고**	줄 **선**

지도에서 해발고도가 같은 지점을 연결한 곡선

踏査 답사	踏 부수 足 / 획수 15	査 부수 木 / 획수 9
	밟을 **답**	조사할 **사**

현장에 가서 직접 보고 조사함

文段 문단	文 부수 文 / 획수 4	段 부수 殳 / 획수 9
	글월 **문**	층계 **단**

긴 글을 내용에 따라 나눌 때, 하나하나의 짧은 이야기 토막

帶分數 대분수	帶 巾 11	分 刀 4	數 攵 15
	띠 **대**	나눌 **분**	셈 **수**

정수와 진분수의 합으로 이루어진 분수

文化財 문화재	文 文 4	化 匕 4	財 貝 10
	글월 **문**	될 **화**	재물 **재**

문화 활동에 의하여 창조된 가치가 뛰어난 사물

對照 대조	對 부수 寸 / 획수 14	照 부수 灬 / 획수 13
	대할 **대**	비칠 **조**

서로 반대되거나 상대적으로 대비됨

博覽會 박람회	博 十 12	覽 見 21	會 日 13
	넓을 **박**	볼 **람**	모일 **회**

농업, 상업, 공업 따위에 관한 온갖 물품을 모아 벌여 놓고 판매, 선전, 우열 심사를 하는 전람회

博物館 박물관

博 ⼗ 12	物 ⽜ 8	館 ⻝ 16
넓을 박	물건 물	집 관

오래된 유물이나 문화적 학술적 의의가 깊은 자료를 수집하여 보관하고 전시하는 곳

選擇 선택

選 부수 ⻌ 획수 16	擇 부수 ⺘ 획수 16
가릴 선	가릴 택

여럿 가운데서 필요한 것을 골라 뽑음

反省 반성

反 부수 ⼜ 획수 4	省 부수 ⽬ 획수 9
돌이킬 반	살필 성

자신의 언행에 대하여 잘못이나 부족함이 없는지 돌이켜 봄

所得 소득

所 부수 ⼾ 획수 8	得 부수 ⼻ 획수 11
바 소	얻을 득

어떤 일의 결과로 얻은 이익

不導體 부도체

不 ⼀ 4	導 ⼨ 16	體 ⾻ 23
아닐 불/부	인도할 도	몸 체

전기나 열의 전도율이 극히 적은 물체

素材 소재

素 부수 ⽷ 획수 10	材 부수 ⽊ 획수 7
본디 소	재목 재

어떤 것을 만드는 데 바탕이 되는 재료

分銅 분동

分 부수 ⼑ 획수 4	銅 부수 ⾦ 획수 14
나눌 분	구리 동

물건의 무게를 달 때 무게의 표준으로서 한쪽 저울판 위에 올려놓는 쇠붙이로 된 추

俗談 속담

俗 부수 ⺅ 획수 9	談 부수 ⾔ 획수 15
풍속 속	말씀 담

예로부터 민간에 전하여 오는 쉬운 격언이나 잠언

想像 상상

想 부수 ⼼ 획수 13	像 부수 ⺅ 획수 14
생각 상	모양 상

실제로 경험하지 않은 현상이나 사물에 대하여 마음속으로 그려 봄

詩 시

詩 부수 ⾔ 획수 13
시 시

정서나 사상 따위를 운율을 지닌 함축적 언어로 표현한 문학의 한 갈래

實踐
실천

| | 實 | 實 | 부수 宀 / 획수 14 | 열매 **실** |
| 踐 | | 부수 足 / 획수 15 | 밟을 **천** |

생각한 바를 실제로 행함

聯想
연상

| 聯 | 부수 耳 / 획수 17 | 연이을 **련(연)** |
| 想 | 부수 心 / 획수 13 | 생각 **상** |

하나의 관념이 다른 관념을 불러 일으키는 현상

約束
약속

| 約 | 부수 糸 / 획수 9 | 맺을 **약** |
| 束 | 부수 木 / 획수 7 | 묶을 **속** |

장래의 일을 상대방과 미리 정하여 어기지 않을 것을 다짐함

年表
연표

| 年 | 부수 干 / 획수 6 | 해 **년(연)** |
| 表 | 부수 衣 / 획수 8 | 겉 **표** |

역사상 발생한 사건을 연대순으로 배열하여 적은 표

讓步
양보

| 讓 | 부수 言 / 획수 24 | 사양할 **양** |
| 步 | 부수 止 / 획수 7 | 걸음 **보** |

남에게 좌석이나 길이나 물건 따위를 사양하여 물러나는 것

預金
예금

| 預 | 부수 頁 / 획수 13 | 맡길 **예** |
| 金 | 부수 金 / 획수 8 | 쇠 **금** |

금전을 금융기관에 맡김

液體
액체

| 液 | 부수 氵 / 획수 11 | 진 **액** |
| 體 | 부수 骨 / 획수 23 | 몸 **체** |

일정한 부피는 가졌으나 일정한 형태를 가지지 못한 물질

禮節
예절

| 禮 | 부수 示 / 획수 18 | 예도 **례(예)** |
| 節 | 부수 ⺮ / 획수 15 | 마디 **절** |

예의에 관한 모든 절차나 질서

歷史
역사

| 歷 | 부수 止 / 획수 16 | 지날 **력(역)** |
| 史 | 부수 口 / 획수 5 | 사기 **사** |

인류 사회의 변천과 흥망의 과정

流通
유통

| 流 | 부수 氵 / 획수 10 | 흐를 **류(유)** |
| 通 | 부수 辶 / 획수 11 | 통할 **통** |

공기가 막힘 없이 흘러 통함

銀行 은행

| 銀 | 부수 金 획수 14 | 은 은 |
| 行 | 부수 行 획수 6 | 다닐 행 |

예금을 받아 대출, 어음 거래 따위를 업무로 하는 금융 기관

音樂 음악

| 音 | 부수 音 획수 9 | 소리 음 |
| 樂 | 부수 木 획수 15 | 노래 악 |

박자, 가락, 음색, 화성 등을 갖가지 형식으로 조합하여 목소리나 악기로 표현하는 예술

資料 자료

| 資 | 부수 貝 획수 13 | 재물 자 |
| 料 | 부수 斗 획수 10 | 헤아릴 료(요) |

연구나 조사 따위의 바탕이 되는 재료

電池 전지

| 電 | 부수 雨 획수 13 | 번개 전 |
| 池 | 부수 氵 획수 6 | 못 지 |

물질의 변화로 방출되는 에너지를 전기에너지로 변환하는 소형 장치

主題 주제

| 主 | 부수 丶 획수 5 | 주인 주 |
| 題 | 부수 頁 획수 18 | 제목 제 |

대화나 연구 따위에서 중심이 되는 문제

地圖 지도

| 地 | 부수 土 획수 6 | 땅 지 |
| 圖 | 부수 口 획수 14 | 그림 도 |

지구 표면의 상태를 일정한 비율로 줄여 이를 약속된 기호로 평면에 나타낸 그림

支出 지출

| 支 | 부수 支 획수 4 | 지탱할 지 |
| 出 | 부수 凵 획수 5 | 날 출 |

어떤 목적을 위하여 돈을 지급하는 일

地層 지층

| 地 | 부수 土 획수 6 | 땅 지 |
| 層 | 부수 尸 획수 15 | 층 층 |

자갈, 모래, 진흙 등의 물질이 지표면에서 퇴적하여 이루어진 층

秩序 질서

| 秩 | 부수 禾 획수 10 | 차례 질 |
| 序 | 부수 广 획수 7 | 차례 서 |

사물, 행동 등의 순서나 차례

體操 체조

| 體 | 부수 骨 획수 23 | 몸 체 |
| 操 | 부수 扌 획수 16 | 잡을 조 |

신체 각 부분의 고른 발육과 건강의 증진을 위하여 일정한 형식으로 몸을 움직임

縮尺 축척	縮 부수 糸 획수 17 줄일 축	尺 부수 尸 획수 4 자 척

지도에서의 거리와 지표에서 실제 거리와의 비율

偏見 편견	偏 부수 亻 획수 11 치우칠 편	見 부수 見 획수 7 볼 견

공정하지 못하고 한쪽으로 치우친 생각

討論 토론	討 부수 言 획수 10 칠 토	論 부수 言 획수 15 논할 론

어떤 문제에 대하여 여러 사람이 각각 의견을 말하여 논의함

便紙 편지	便 부수 亻 획수 9 편할 편	紙 부수 糸 획수 10 종이 지

용건이나 소식을 알리기 위해 적어 보낸 글

堆積 퇴적	堆 부수 土 획수 11 쌓을 퇴	積 부수 禾 획수 16 쌓을 적

많이 덮쳐져 쌓임

韓半島 한반도	韓 韋 17 한국 한	半 十 5 반 반	島 山 10 섬 도

대한민국 국토인 반도

投票 투표	投 부수 扌 획수 7 던질 투	票 부수 示 획수 11 표 표

선거에서 선거인이 의사표시를 하는 것

幸福 행복	幸 부수 干 획수 8 다행 행	福 부수 示 획수 14 복 복

흐뭇하도록 만족하여 부족하거나 불만이 없음

販賣 판매	販 부수 貝 획수 11 팔 판	賣 부수 貝 획수 15 팔 매

상품 따위를 팜

化石 화석	化 부수 匕 획수 4 될 화	石 부수 石 획수 5 돌 석

지질 시대 동식물의 시체나 흔적이 암석 속에 그대로 남아 있는 것

和音	和	부수 口 획수 8	音	부수 音 획수 9
화음	화할 화		소리 음	

높이가 다른 둘 이상의 음이 함께 울릴 때 어울리는 소리

話題	話	부수 言 획수 13	題	부수 頁 획수 18
화제	말씀 화		제목 제	

이야기의 제목, 이야깃거리

4 자 성 어

5급시험에 자주 나오는 사자성어 68개를 알아보아요.

各 人 各 色
각각 각　사람 인　각각 각　빛 색

태도나 언행 등이 사람마다 다름.

敬 老 孝 親
공경 경　늙을 로(노)　효도 효　친할 친

노인을 공경하고 부모에게 효도함.

各 自 圖 生
각각 각　스스로 자　그림 도　날 생

제각기 살아갈 방법을 꾀함.

敬 天 愛 人
공경 경　하늘 천　사랑 애　사람 인

하늘을 공경하고 사람을 사랑함.

開 店 休 業
열 개　가게 점　쉴 휴　업 업

개점은 하고 있으나 장사가 잘 되지 않아 휴업한 것과 다름이 없는 상태를 말함.

公 明 正 大
공평할 공　밝을 명　바를 정　큰 대

＊ 마음이 공평하고 사심이 없으며 밝고 큼.
하는 일이나 행동이 공정하고 떳떳함.

見 物 生 心
볼 견　물건 물　날 생　마음 심

물건을 보면 가지고 싶은 욕심이 생긴다.

敎 學 相 長
가르칠 교　배울 학　서로 상　길 장

가르치고 배우는 과정에서 스승과 제자가 함께 성장함.

4 자 성 어

구 사 일 생

九 死 一 生
아홉 구　죽을 사　한 일　날 생

＊ 아홉 번 죽을 뻔하다 한 번 살아난다.
여러 차례 죽을 고비를 겪고 간신히 목숨을 건짐.

능 소 능 대

能 小 能 大
능할 능　작을 소　능할 능　큰 대

큰 일이나 작은 일이나 임기응변으로 잘 처리해 냄.

금 석 문 자

金 石 文 字
쇠 금　돌 석　글월 문　글자 자

쇠로 만든 종이나 돌로 만든 비석 따위에 새겨진 글자.

다 재 다 능

多 才 多 能
많을 다　재주 재　많을 다　능할 능

재주와 능력이 많음.

남 녀 노 소

男 女 老 少
사내 남　여자 녀　늙을 로　적을 소

남자와 여자, 늙은이와 젊은이. 곧 모든 사람.

다 정 다 감

多 情 多 感
많을 다　뜻 정　많을 다　느낄 감

정이 많고 감성이 풍부함.

남 녀 유 별

男 女 有 別
사내 남　여자 녀　있을 유　다를/나눌 별

남자와 여자 사이에는 분별이 있어야 함을 이르는 말.

대 동 단 결

大 同 團 結
큰 대　한가지 동　둥글 단　맺을 결

많은 사람이나 여러 집단이 큰 목적을 위해 하나로 뭉침.

대 명 천 지

大 明 天 地

큰 대 　 밝을 명 　 하늘 천 　 땅 지

매우 밝은 세상.

동 서 고 금

東 西 古 今

동녘 동 　 서녘 서 　 예 고 　 이제 금

＊ 동양과 서양, 그리고 옛날과 오늘.
사람이 살아온 모든 시대와 장소를 이르는 말.

대 서 특 필

大 書 特 筆

큰 대 　 글 서 　 특별할 특 　 붓 필

＊ 뚜렷이 드러나게 큰 글씨로 쓰다.
신문 따위에서 어떤 사건에 대히 크게 다루는 것.

동 성 동 본

同 姓 同 本

한가지 동 　 성씨 성 　 한가지 동 　 근본 본

성도 같고 본관도 같음.

동 고 동 락

同 苦 同 樂

한가지 동 　 쓸 고 　 한가지 동 　 즐길 락

＊ 괴로움과 즐거움을 함께 한다.
같이 고생하고 같이 즐김.

동 화 작 용

同 化 作 用

한가지 동 　 될 화 　 지을 작 　 쓸 용

생물이 외부 영양물을 몸에 맞게 변화시키는 작용. 또는
바깥의 암석과 화학 반응을 하여 성분이 바뀌는 작용.

동 문 서 답

東 問 西 答

동녘 동 　 물을 문 　 서녘 서 　 대답 답

＊ 동쪽을 묻는데 서쪽을 대답한다.
묻는 말에 대하여 전혀 엉뚱한 대답을 함.

노 소 동 락

老 少 同 樂

늙을 로 　 적을 소 　 한가지 동 　 즐길 락

노인과 젊은이가 함께 어울려 즐김.

萬 古 不 變
만 고 불 변

일만 만　예 고　아닐 불/부　변할 변

아무리 오랜 세월이 흘러도 변하지 않음.

百 年 大 計
백 년 대 계

일백 백　해 년　큰 대　셀 계

먼 장래까지 내다보고 세우는 큰 계획.

萬 里 長 天
만 리 장 천

일만 만　마을 리　길 장　하늘 천

끝도 없이 높고 넓은 하늘.

白 面 書 生
백 면 서 생

흰 백　낯 면　글 서　날 생

＊ 희고 고운 얼굴에 글만 읽는 사람.
세상 일에 조금도 경험이 없는 사람.

聞 一 知 十
문 일 지 십

들을 문　한 일　알 지　열 십

＊ 한 가지를 들으면 열 가지를 미루어 안다.
지극히 총명함을 이르는 말.

白 衣 民 族
백 의 민 족

흰 백　옷 의　백성 민　겨레 족

예로부터 흰옷을 숭상하여 즐겨 입은 한민족을 이
르는 말.

門 前 成 市
문 전 성 시

문 문　앞 전　이룰 성　저자 시

＊ 대문 앞이 저자(시장)를 이루다.
찾아오는 사람이 많아 문 앞이 사람으로 가득차다.

奉 事 活 動
봉 사 활 동

받들 봉　일 사　살 활　움직일 동

국가나 사회 또는 남을 위하여 자신을 돌보지 않
고 힘을 바쳐 애쓰는 모든 활동

不遠千里
불 원 천 리

아닐 불/부　멀 원　일천 천　마을 리

천 리 길도 멀다 하지 않는다.

四海兄弟
사 해 형 제

넉 사　바다 해　형 형　아우 제

온 세상에 있는 사람은 모두 형제와 같다는 뜻.

士農工商
사 농 공 상

선비 사　농사 농　장인 공　장사 상

＊ 선비·농부·공장·상인의 네 가지 신분을 아울러 이르는 말.
고려와 조선 시대, 직업을 기준으로 가른 신분 계급.

山川草木
산 천 초 목

메 산　내 천　풀 초　나무 목

산과 물과 나무와 풀이라는 뜻으로, 자연을 일컫는 말.

四面春風
사 면 춘 풍

넉 사　낯 면　봄 춘　바람 풍

＊ 사면이 봄바람.
어떠한 경우라도 좋은 낯으로 남을 대함.

生面不知
생 면 부 지

날 생　낯 면　아닐 불/부　알 지

태어나서 만나본 적이 없는 전혀 모르는 사람.

事親以孝
사 친 이 효

일 사　친할 친　써 이　효도 효

＊ 효도로써 어버이를 섬김.
신라 때 원광이 화랑에게 일러준 '세속 오계(世俗五戒)'의 하나이다.

速戰速決
속 전 속 결

빠를 속　싸움 전　빠를 속　결단할 결

＊ 싸움을 오래 끌지 않고 되도록 빨리 끝장을 냄.
어떤 일을 빨리 진행하여 빨리 끝냄.

4 자 성 어

십 년 지 기

十 年 知 己

열 십　　해 년　　알 지　　몸 기

오래전부터 친하게 사귀어 온 친구.

어 불 성 설

語 不 成 說

말씀 어　아닐 불/부　이룰 성　말씀 설

말이 이치에 맞지 않음.

안 분 지 족

安 分 知 足

편안 안　나눌 분　알 지　발 족

편한 마음으로 자기 분수를 지키며 만족할 줄 아는 것.

우 순 풍 조

雨 順 風 調

비 우　순할 순　바람 풍　고를 조

＊ 바람 불고 비오는 것이 때와 분량이 알맞음.
기후가 농사짓기에 알맞고 순조로움을 이르는 말.

안 심 입 명

安 心 立 命

편안 안　마음 심　설 립　목숨 명

모든 의혹과 번뇌를 버려 마음이 안정되고, 모든 것을 하늘의 뜻에 맡기는 일.

이 실 직 고

以 實 直 告

써 이　열매 실　곧을 직　고할 고

사실을 바른대로 말함.

양 약 고 구

良 藥 苦 口

어질 량　약 약　쓸 고　입 구

＊ 좋은 약은 입에 쓰다.
좋은 충고는 비록 귀에는 거슬리나 자신에게 이롭다는 말.

이 심 전 심

以 心 傳 心

써 이　마음 심　전할 전　마음 심

마음에서 마음으로 전하게 되면 모든 것을 이해하고 깨닫게 됨. 마음과 마음으로 서로 뜻이 통함.

이 팔 청 춘
二 八 青 春
두 이   여덟 팔   푸를 청   봄 춘

열 여섯 살 전후의 젊은 나이.

일 장 일 단
一 長 一 短
한 일   길 장   한 일   짧을 단

장점도 있고 단점도 있음.

인 명 재 천
人 命 在 天
사람 인   목숨 명   있을 재   하늘 천

사람 목숨의 길고 짧음은 하늘에 달려 있어 사람이 어찌할 수 없다는 말.

자 고 이 래
自 古 以 來
스스로 자   예 고   써 이   올 래

옛날부터 지금까지.

인 산 인 해
人 山 人 海
사람 인   메 산   사람 인   바다 해

* 사람의 산과 사람의 바다.
사람이 헤아릴 수 없이 많이 모인 모양.

자 손 만 대
子 孫 萬 代
아들 자   손자 손   일만 만   대신할 대

자자손손. 썩 많은 세대.

일 일 삼 성
一 日 三 省
한 일   날 일   석 삼   살필 성

* 하루의 일 세 가지를 살핀다.
하루에 세 번씩 자신의 행동을 반성함.

작 심 삼 일
作 心 三 日
지을 작   마음 심   석 삼   날 일

* 마음먹은 지 삼일이 못 간다.
결심이 얼마 되지 않아 흐지부지 된다.

4 자 성 어

전 광 석 화

電 光 石 火

번개 전　빛 광　돌 석　불 화

* 번갯불이나 부싯돌의 불이 번쩍이는 것.
극히 짧은 시간이나, 일이 매우 빠른 것을 가리킴.

청 풍 명 월

淸 風 明 月

맑을 청　바람 풍　밝을 명　달 월

맑은 바람과 밝은 달.

주 객 일 체

主 客 一 體

주인 주　손 객　한 일　몸 체

나와 대상이 일체가 됨.

청 산 유 수

靑 山 流 水

푸를 청　메 산　흐를 류(유)　물 수

* 푸른 산과 흐르는 물.
말을 거침없이 잘함.

주 야 장 천

晝 夜 長 川

낮 주　밤 야　길 장　내 천

* 밤낮으로 쉬지 않고 흐르는 시냇물.
늘 잇따름.

초 록 동 색

草 綠 同 色

풀 초　푸를 록　한가지 동　빛 색

* 풀빛과 녹색은 같은 빛깔.
같은 처지의 사람과 어울리거나 기우는 것.

천 만 다 행

千 萬 多 幸

일천 천　일만 만　많을 다　다행 행

매우 다행함. 어떤 일이 뜻밖에 잘 풀려 몹시 좋음.

초 식 동 물

草 食 動 物

풀 초　밥 식　움직일 동　물건 물

식물을 주로 먹고 사는 동물.

춘　　하　　추　　동

春 夏 秋 冬

봄춘　　여름하　　가을추　　겨울동

봄 · 여름 · 가을 · 겨울의 사계절을 일컫는 말.

팔　　방　　미　　인

八 方 美 人

여덟 팔　　모 방　　아름다울 미　　사람 인

어느 모로 보나 아름다운 미인,
여러 방면에서 능통한 사람.

행　　방　　불　　명

行 方 不 明

다닐 행　　모 방　　아닐 불/부　　밝을 명

간 곳을 모름.

화　　조　　월　　석

花 朝 月 夕

꽃 화　　아침 조　　달 월　　저녁 석

＊꽃이 핀 아침과 달 밝은 저녁.
경치가 가장 좋은 때.

반의어(뜻이 반대/상대가 되는 한자)

強弱	強 강할 강 [6급]	弱 약할 약 [준6급]
	강하고 약함	

內外	內 안 내 [준7급]	外 바깥 외 [8급]
	안과 바깥	

古今	古 예 고 [6급]	今 이제 금 [준6급]
	예전과 지금	

勞使	勞 일할로(노) [준5급]	使 부릴 사 [6급]
	노동자와 사용자	

苦樂	苦 쓸 고 [6급]	樂 즐길 락 [준6급]
	괴로움과 즐거움	

老少	老 늙을로(노) [7급]	少 적을 소 [7급]
	늙은이와 젊은이	

功過	功 공 공 [준6급]	過 지날 과 [준5급]
	공로와 과실	

多少	多 많을 다 [6급]	少 적을 소 [7급]
	많고 적음	

男女	男 사내 남 [준7급]	女 여자녀(여) [8급]
	남자와 여자	

東西	東 동녘 동 [8급]	西 서녘 서 [8급]
	동쪽과 서쪽	

南北	南 남녘 남 [8급]	北 북녘 북 [8급]
	남쪽과 북쪽	

問答	問 물을 문 [7급]	答 대답 답 [준7급]
	묻고 답함	

物心	物 물건 물 [준 7급]	心 마음 심 [7급]
	물질적인 것과 정신적인 것	

水火	水 물 수 [8급]	火 불 화 [8급]
	물과 불	

死活	死 죽을 사 [6급]	活 살 활 [준 7급]
	죽기와 살기(중대한 문제)	

新舊	新 새 신 [준 6급]	舊 예 구 [준 5급]
	새 것과 옛 것	

生死	生 날 생 [8급]	死 죽을 사 [6급]
	삶과 죽음	

心身	心 마음 심 [7급]	身 몸 신 [준 6급]
	몸과 마음	

先後	先 먼저 선 [8급]	後 뒤 후 [준 7급]
	먼저와 나중	

愛惡	愛 사랑 애 [5급]	惡 미워할 오 [준 5급]
	사랑과 미움	

水陸	水 물 수 [8급]	陸 뭍 륙 [준 5급]
	물과 육지	

言行	言 말씀 언 [6급]	行 다닐 행 [6급]
	말과 행동	

手足	手 손 수 [준 7급]	足 발 족 [준 7급]
	손과 발	

遠近	遠 멀 원 [6급]	近 가까울 근 [준 6급]
	멀고 가까움	

반의어(뜻이 반대/상대가 되는 한자)

陸海	陸 뭍 륙(육) [준5급]	海 바다 해 [준7급]
	육지와 바다	

祖孫	祖 할아비 조 [7급]	孫 손자 손 [6급]
	할아버지와 손자	

利害	利 이할 리(이) [준6급]	害 해할 해 [준5급]
	이익과 손해	

左右	左 왼 좌 [준7급]	右 오른 우 [준7급]
	왼쪽과 오른쪽	

昨今	昨 어제 작 [준6급]	今 이제 금 [준6급]
	어제와 오늘	

主客	主 주인 주 [7급]	客 손 객 [준5급]
	주인과 손님	

長短	長 길 장 [8급]	短 짧을 단 [준6급]
	길고 짧음	

晝夜	晝 낮 주 [6급]	夜 밤 야 [6급]
	낮과 밤	

前後	前 앞 전 [준7급]	後 뒤 후 [준7급]
	앞과 뒤	

知行	知 알 지 [준5급]	行 다닐 행 [6급]
	앎과 행동	

朝夕	朝 아침 조 [준6급]	夕 저녁 석 [7급]
	아침과 저녁	

天地	天 하늘 천 [7급]	地 땅 지 [7급]
	하늘과 땅	

春秋	春 봄 춘 [7급]	秋 가을 추 [7급]
	봄과 가을	

出入	出 날 출 [7급]	入 들 입 [7급]
	나가고 들어옴	

兄弟	兄 형 형 [8급]	弟 아우 제 [8급]
	형과 아우	

和戰	和 화할 화 [준 6급]	戰 싸움 전 [준 6급]
	화합하는 것과 싸우는 것	

格式	格 격식 격 [준 5급]	式 법 식 [6급]
	격에 맞는 일정한 방식	

果實	果 실과 과 [준 6급]	實 열매 실 [준 5급]
	사람이 먹을 수 있는 열매	

結束	結 맺을 결 [준 5급]	束 묶을 속 [준 5급]
	한 덩어리가 되게 묶음	

光明	光 빛 광 [준 6급]	明 밝을 명 [준 6급]
	밝고 환함	

計算	計 셀 계 [준 6급]	算 셈 산 [7급]
	수를 헤아림	

敎訓	敎 가르칠 교 [8급]	訓 가르칠 훈 [6급]
	가르치고 깨우침	

告白	告 고할 고 [준 5급]	白 흰 백 [8급]
	감추어 둔 것을 사실대로 숨김없이 말함	

區分	區 구분할 구 [6급]	分 나눌 분 [준 6급]
	따로따로 갈라 나눔	

共同	共 한가지 공 [준 6급]	同 한가지 동 [7급]
	둘 이상의 사람이나 단체가 함께 일을 함	

根本	根 뿌리 근 [6급]	本 근본 본 [6급]
	사물의 생겨나는 근원	

過失	過 지날 과 [준 5급]	失 잃을 실 [6급]
	부주의나 태만 따위에서 비롯된 잘못이나 허물	

急速	急 급할 급 [준 6급]	速 빠를 속 [6급]
	급하고 빠름	

綠靑	綠 푸를록(녹) [6급]	靑 푸를 청 [8급]
	구리에 생기는 녹색	

明朗	明 밝을 명 [준 6급]	朗 밝을 랑 [준 5급]
	밝고 맑고 낙천적인 성미	

堂室	堂 집 당 [준 6급]	室 집 실 [8급]
	한 울타리 안의 여러 채의 집과 방	

物品	物 물건 물 [준 7급]	品 물건 품 [준 5급]
	쓸 만하고 값 있는 물건	

道路	道 길 도 [준 7급]	路 길 로 [6급]
	사람이나 차가 다닐 수 있게 만든 길	

發展	發 필 발 [준 6급]	展 펼 전 [준 5급]
	한 상태로부터 더 잘되고 좋아지는 상태	

到着	到 이를 도 [준 5급]	着 붙을 착 [준 5급]
	목적한 곳에 다다름	

法典	法 법 법 [준 5급]	典 법 전 [준 5급]
	법을 기록한 책	

圖畫	圖 그림 도 [준 6급]	畫 그림 화 [6급]
	그림	

奉仕	奉 받들 봉 [준 5급]	仕 섬길 사 [준 5급]
	남을 위하여 일함	

等類	等 무리 등 [준 6급]	類 무리 류 [준 5급]
	같은 종류	

分別	分 나눌 분 [준 6급]	別 다를/나눌 별 [6급]
	서로 구별을 지어 가르는 것	

算數
算 셈 산 [7급]
數 셈 수 [7급]
기초적인 셈법

兒童
兒 아이 아 [준 5급]
童 아이 동 [준 6급]
어린아이

生産
生 날 생 [8급]
産 낳을 산 [준 5급]
필요한 자원을 만들어 냄

約束
約 맺을 약 [준 5급]
束 묶을 속 [준 5급]
장래의 일을 상대방과 미리 정하여 어기지 않을 것을 다짐함

說話
說 말씀 설 [준 5급]
話 말씀 화 [준 7급]
여러 민족 사이에 전승되어 온 신화

養育
養 기를 양 [준 5급]
育 기를 육 [7급]
길러 자라게 함

樹木
樹 나무 수 [6급]
木 나무 목 [8급]
살아 있는 나무

言語
言 말씀 언 [6급]
語 말씀 어 [7급]
사람이 생각이나 느낌을 소리나 글자로 나타내는 수단

身體
身 몸 신 [준 6급]
體 몸 체 [6급]
사람의 몸

旅客
旅 나그네 려(여) [준 5급]
客 손 객 [준 5급]
여행하는 사람

實果
實 열매 실 [준 5급]
果 실과 과 [준 6급]
먹을 수 있는 초목의 열매

年歲
年 해 년(연) [8급]
歲 해 세 [준 5급]
나이의 높임말

練習	練 익힐련(연) [준5급]	習 익힐 습 [6급]
	학문이나 기예 따위를 익숙하도록 되풀이하여 익힘	

永遠	永 길 영 [6급]	遠 멀 원 [6급]
	길고 오랜 세월	

偉大	偉 클 위 [준5급]	大 큰 대 [8급]
	뛰어나고 훌륭함	

陸地	陸 뭍 륙(육) [준5급]	地 땅 지 [7급]
	물에 덮이지 않은 지구	

衣服	衣 옷 의 [6급]	服 옷 복 [6급]
	옷	

典式	典 법 전 [준5급]	式 법 식 [6급]
	법도와 양식	

庭園	庭 뜰 정 [준6급]	園 동산 원 [6급]
	집안에 있는 뜰	

住宅	住 살 주 [7급]	宅 집 택 [준5급]
	살림살이를 할 수 있도록 지은 집	

知識	知 알 지 [준5급]	識 알 식 [준5급]
	알고 있는 내용	

質朴	質 바탕 질 [준5급]	朴 성 박 [6급]
	꾸민 데가 없이 수수함	

集合	集 모을 집 [준6급]	合 합할 합 [6급]
	한 곳으로 모음	

集會	集 모을 집 [준6급]	會 모일 회 [준6급]
	특정한 공동 목적을 위해 여러 사람이 모이는 회합	

責任	責 꾸짖을책 [준 5급]	任 맡길 임 [준 5급]
	도맡아 해야 할 임무	

凶惡	凶 흉할 흉 [준 5급]	惡 악할 악 [준 5급]
	흉하고 악함	

靑綠	靑 푸를 청 [8급]	綠 푸를 록 [6급]
	녹색과 파랑의 중간색	

村里	村 마을 촌 [7급]	里 마을 리 [7급]
	시골의 작은 마을	

便安	便 편할 편 [7급]	安 편안 안 [7급]
	몸이나 마음이 걱정없이 편하고 좋음	

海洋	海 바다 해 [준 7급]	洋 큰바다양 [6급]
	넓은 바다	

幸福	幸 다행 행 [준 6급]	福 복 복 [준 5급]
	복된 좋은 운수	

정답

연습문제와 모의고사 정답이 모두 들어있어요.

문제를 잘 풀었는지 확인해보아요.

1단계

연습문제 p.20

1
兵　병사 병
士　선비 사
展　펼 전
以　써 이
卒　마칠 졸

2
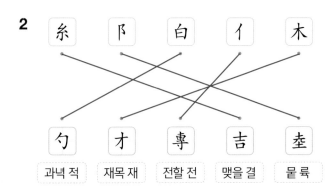

糸　阝　白　亻　木

勺　才　專　吉　奎

과녁 적　재목 재　전할 전　맺을 결　뭍 륙

3

사람들이 지날 수 있도록 공중에 만든 다리 ②
어떤 때가 지나기 전 ①
이야기, 물건, 신호 등을 다른 사람이나 기관에 전함 ④
직위가 낮은 병사 ③

4

結　論　展　望
烈　局　展　示
人　士　開　將
材　木　卒　兵

어떤 일을 할 수 있는 능력을 가진 인물 → 인재
어떤 일이나 이야기를 펼쳐 나감 → 전개
장교와 사병 → 장병
나라를 위해 충성을 다한 사람 → 열사
일이 마무리되는 때 → 결국

기출·예상문제 p.22

한국어문회

1 01. 뭍 륙　02. 펼 전　03. 전할 전
2 01. 卒　02. 以　03. 士
3 01. 伝　02. 卆
4 01. 졸업　02. 전개　03. 육지
　　04. 결합　05. 구전
5 01. 陸
6 01. 兵　02. 展
7 01. ②　02. ①　03. ④
8 01. ③　02. ①
9 01. 以　02. 傳
10 01. 結果　02. 軍士　03. 傳來
　　04. 人材　05. 平和的
11 01. ③　02. ⑦　03. ④

한자교육진흥회

1 01. ①　02. ④　03. ②
2 01. ③　02. ④　03. ④
3 01. ②
4 01. ③　02. ②
5 01. ②　02. ③　03. ①
6 01. ④　02. ②　03. ③
7 01. 마칠 졸　02. 뭍 륙　03. 맺을 결
8 01. 展　02. 傳　03. 兵
9 01. 군사　02. 전기　03. 내향적
10 01. 陸　02. 材　03. 展
11 材
12 ④
13 ②

2단계

연습문제 p.38

1

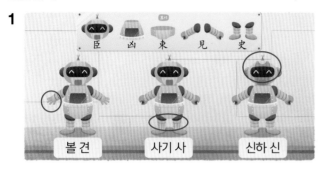

2

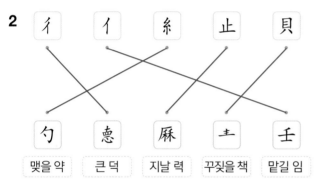

3 見 》臣 》凶 》約 》束 》歷

4 約束, 意見

기출·예상문제 p.40

한국어문회

1 01. 꾸짖을책 02. 지날 력 03. 맺을 약

2 01. 臣 02. 凶 03. 史

3 01. 학력 02. 의견 03. 임명
　 04. 공약 05. 도덕

4 01. 臣

5 01. 束 02. 任

6 01. ② 02. ⑤ 03. ⑥

7 01. ④ 02. ①

8 01. 凶 02. 見

9 01. 見學 02. 臣下 03. 凶家
　 04. 約束 05. 責任

10 01. ⑥ 02. ② 03. ⑤

한자교육진흥회

1 01. ④ 02. ② 03. ④

2 01. ② 02. ④ 03. ④

3 01. ③

4 01. ① 02. ②

5 01. ④ 02. ③ 03. ①

6 01. ③ 02. ④ 03. ②

7 01. 큰 덕 02. 맡길 임 03. 볼 견

8 01. 束 02. 責 03. 約

9 01. 선약 02. 선입견 03. 내력

10 01. 臣 02. 史 03. 束

11 見

12 ②

13 ①

3단계

연습문제 p.56

1

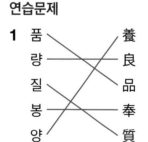

2

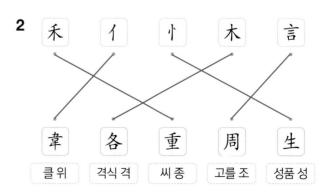

3 삼사일언(三思一言) : 세 번 생각하고, 한 번 말하라. 신중히 생각하고 조심해서 말하는 것을 뜻함.

4

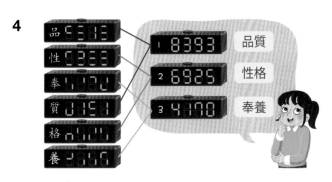

기출 · 예상문제 p.58

한국어문회

1 01. 클 위   02. 받들 봉   03. 기를 양

2 01. 良   02. 性   03. 品

3 質

4 01. 합격   02. 강조   03. 품종
    04. 물질   05. 감성

5 01. 偉   02. 養

6 01. ③   02. ④   03. ①

7 01. ①   02. ④

8 01. 調   02. 良

9 01. 性質   02. 偉人   03. 品目
    04. 種子   05. 格式

10 01. ⑤   02. ⑦   03. ④

한자교육진흥회

1 01. ①   02. ③   03. ④

2 01. ②   02. ③   03. ④

3 01. ②   02. ①

4 01. ③   02. ②   03. ④

5 01. ①   02. ④   03. ②

6 01. 성품 성 02. 고를 조 03. 어질 량

7 01. 奉   02. 質   03. 格

8 01. 성격   02. 물품   03. 양서

9 01. 調   02. 良   03. 性

10 品

11 ③

12 ④

4단계

연습문제 p.74

1 갖출 구

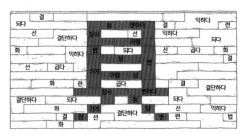

2

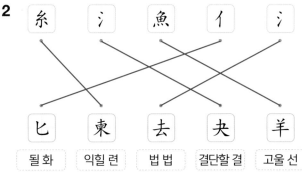

되 화   익힐 련   법 법   결단할 결   고울 선

3 決定 결정, 不法 불법, 變化 변화, 商業 상업

4 洗練, 道具, 新鮮, 精肉店

기출 · 예상문제 p.76

한국어문회

1 01. 가게 점 02. 고울 선 03. 갖출 구

2 01. 法   02. 決   03. 化

3 01. 変   02. 当

4 01. 편법   02. 문구점 03. 당번
    04. 소화   05. 결심

5 01. 化   02. 練

6 01. ②   02. ④   03. ⑥

7 01. ③   02. ②

8 01. 決   02. 變

9 01. 書店   02. 當時   03. 決心
    04. 方法   05. 文化

10 01. ⑥   02. ⑨   03. ⑤

한자교육진흥회

1 01. ②   02. ②   03. ③

2 01. ②   02. ④   03. ①

3 01. ④   02. ③

4 01. ②   02. ①   03. ②

5 01. ④   02. ④   03. ②

6 01. 장사 상   02. 익힐 련   03. 변할 변

7 01. 當   02. 店   03. 具

8 01. 화학   02. 구현   03. 결산

9 01. 化   02. 當   03. 決

10 商

11 ④

12 ④

5단계

연습문제   p.92

1 ❶ 要   ❷ 産   ❸ 節   ❹ 關   ❺ 必

2

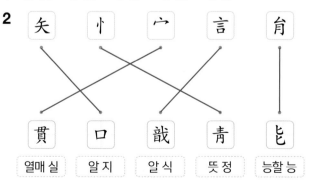

3 知能, 節約, 必要, 能力

4 財産, 關係, 友情, 常識

기출 · 예상문제   p.94

한국어문회

1 01. 알 식   02. 관계할 관   03. 능할 능

2 01. 要   02. 知   03. 情

3 01. 関   02. 実

4 01. 관심   02. 필사   03. 절전
    04. 산업   05. 현실

5 01. 實   02. 識

6 01. ①   02. ⑤   03. ④

7 01. ③   02. ②

8 01. 實   02. 知

9 01. 人情   02. 實感   03. 名節
    04. 能力   05. 重要

10 01. ⑥   02. ⑦   03. ③

한자교육진흥회

1 01. ②   02. ②   03. ①

2 01. ③   02. ②   03. ④

3 01. ①   02. ②

4 01. ④   02. ③   03. ②

5 01. ③   02. ②   03. ④

6 01. 알 지   02. 열매 실   03. 요긴할 요

7 01. 必   02. 能   03. 識

8 01. 의식   02. 산유국   03. 절기

9 01. 産   02. 情   03. 知

10 情

11 ①

12 ③

한국어문회 5급Ⅱ 모의고사 제1회 정답

1	실현	11	점주	21	자신	31	태양	41	받들 봉	51	선비 사	61	省	71	①	81	③	91	運動
2	정원	12	남편	22	미술	32	집중	42	신하 신	52	가까울 근	62	半	72	⑥	82	⑧	92	圖書
3	야구	13	식물	23	성격	33	온도	43	갖출 구	53	약할 약	63	命	73	⑤	83	平安	93	世界
4	책임	14	중요	24	내력	34	산업	44	반드시 필	54	익힐 련	64	会	74	①	84	休紙	94	食堂
5	목적	15	조화	25	예법	35	고대	45	급할 급	55	장사 상	65	樂	75	④	85	放學	95	內心
6	창문	16	소화	26	만병	36	병사 병	46	곧을 직	56	나눌 반	66	战	76	⑤	86	登校	96	發音
7	변덕	17	명품	27	민족	37	뭍 륙	47	마칠 졸	57	전할 전	67	⑤	77	④	87	代表	97	山林
8	신선	18	상향	28	매번	38	마디 절	48	맺을 결	58	뜻 정	68	②	78	②	88	時間	98	⑧
9	대결	19	신호	29	언약	39	사귈 교	49	묶을 속	59	風	69	⑦	79	⑥	89	三角	99	⑩
10	용기	20	공공	30	종자	40	말미암을 유	50	관계할 관	60	幸	70	③	80	①	90	日出	100	⑦

한국어문회 5급Ⅱ 모의고사 제2회 정답

1	연습	11	후임	21	품목	31	교양	41	과녁 적	51	쉴 휴	61	雪	71	①	81	③	91	信用
2	위인	12	읍장	22	사실	32	효도	42	사기 사	52	능할 능	62	消	72	⑥	82	②	92	勇氣
3	표지	13	승산	23	반성	33	졸업식	43	매양 매	53	펼 전	63	村	73	⑥	83	春秋	93	窓口
4	약속	14	병사	24	육로	34	조화	44	뿔 각	54	재목 재	64	万	74	④	84	時日	94	祖上
5	행동	15	구색	25	신하	35	작자	45	밤 야	55	모양 형	65	発	75	②	85	成功	95	飮食
6	강도	16	금은	26	정당	36	요긴할 요	46	알 식	56	수풀 림	66	国	76	①	86	天然	96	海草
7	산물	17	절전	27	결과	37	친할 친	47	볼 견	57	큰 덕	67	⑦	77	⑥	87	新聞	97	注意
8	편법	18	합격	28	체질	38	쌀 미	48	어질 량	58	써 이	68	⑤	78	②	88	室內	98	①
9	각계	19	변화	29	감정	39	관계할관	49	셀 계	59	線	69	①	79	⑥	89	空間	99	⑥
10	공감	20	선명	30	지성	40	가게 점	50	짧을 단	60	等	70	②	80	①	90	生活	100	⑨

한자교육진흥회 준5급 모의고사 제1회 정답

1	②	11	②	21	④	31	바를 정	41	歌	51	매월	61	안주	71	祖	81	入場	91	속담
2	②	12	③	22	②	32	효도 효	42	老	52	농사	62	자기	72	空	82	草木	92	연상
3	②	13	①	23	②	33	고을 읍	43	字	53	등기	63	소식	73	面	83	學年	93	가족
4	①	14	④	24	④	34	저녁 석	44	石	54	실외	64	목전	74	萬	84	전지	94	대조
5	③	15	④	25	①	35	형 형	45	語	55	평민	65	선왕	75	海	85	각	95	구애행동
6	①	16	②	26	①	36	발 족	46	里	56	동구	66	한강	76	時	86	약속	96	등고선
7	③	17	①	27	④	37	쉴 휴	47	本	57	교육	67	차도	77	工	87	토론	97	대분수
8	①	18	③	28	②	38	글월 문	48	方	58	중간	68	식물	78	靑	88	예금	98	실천
9	②	19	②	29	③	39	학교 교	49	西	59	공사	69	내세	79	記→氣	89	질서	99	長
10	③	20	④	30	①	40	마디 촌	50	有	60	내향	70	고금	80	大→代	90	국보	100	老

한자교육진흥회 준5급 모의고사 제2회 정답

1	②	11	④	21	①	31	아우 제	41	西	51	일기	61	천왕	71	安	81	敎室	91	편견
2	③	12	②	22	②	32	대답할 답	42	古	52	기력	62	공장	72	歌	82	韓食	92	공공
3	①	13	②	23	③	33	일 사	43	平	53	북한	63	하교	73	間	83	海女	93	답사
4	④	14	④	24	③	34	오를 등	44	氣	54	매월	64	외향	74	學	84	선택	94	양보
5	①	15	③	25	③	35	말씀 어	45	植	55	농부	65	천리	75	長	85	자료	95	역사
6	④	16	③	26	②	36	옷 의	46	林	56	백성	66	동구	76	祖	86	가족	96	박람회
7	②	17	④	27	①	37	가운데 중	47	世	57	정오	67	분자	77	江	87	소재	97	축척
8	②	18	①	28	③	38	올 래	48	今	58	입지	68	명문	78	孝	88	역사	98	경제
9	①	19	②	29	④	39	선비 사	49	兄	59	수도	69	칠촌	79	東→同	89	상상	99	物
10	②	20	④	30	③	40	수레 차/거	50	育	60	노년	70	민주	80	注→住	90	화음	100	草

★ 저자소개

허은지

명지대학교 중어중문학과 박사 수료
상상한자중국어연구소 대표
명지대 미래교육원 중국어 과정 지도교수
마포고, 세화고, 중경고 중국어 강사
<하오빵어린이중국어 발음편> 시사중국어사, 공저
<쑥쑥 급수한자 8급·7급·6급 상하> 제이플러스, 공저

윤혜정

선문대학교 한중통번역대학원 석사 수료
상상한자중국어연구소 대표 강사
와우윤샘한자중국어공부방 운영
다솔초, 갈천초 방과후학교 한자 강사
<쑥쑥 급수한자 8급·7급·6급 상하> 제이플러스, 공저

박진미

성균관대학교 중어중문학과 졸업
성균관대학교 교육대학원 중국어교육 석사
(전) 종로 고려중국어학원 HSK 강의
(현) 상상한자중국어연구소 대표 강사
학동초, 기산초, 문시초 방과후학교 한자 강사
<8822 HSK 어휘 갑을병정 전3권> 다락원, 공동편역
<꼬치꼬치 HSK 듣기/어법> YBM시사, 공저
<쑥쑥 급수한자 8급·7급·6급 상하> 제이플러스, 공저

쑥쑥 급수한자 준 5급 상

초판 발행　　2023년 12월 1일

저자　　　　허은지 · 윤혜정 · 박진미
발행인　　　이기선
발행처　　　제이플러스
삽화　　　　김효지
등록번호　　제10-1680호
등록일자　　1998년 12월 9일
주소　　　　서울시 마포구 월드컵로 31길 62 제이플러스
구입문의　　02-332-8320
팩스　　　　02-332-8321
홈페이지　　www.jplus114.com
ISBN　　　 979-11-5601-240-5

한자 능력 검정시험 모의고사

* 한국어문회형 2회, 한자교육진흥회형 2회 총 4회의 모의고사 문제입니다.
정답지는 표시선을 따라 잘라서 준비해 주세요.

▶ 정답 p.128~p.129

5級 II

100문항 / 50분 시험

*성명과 수험번호를 쓰고 문제지와 답안지는 함께 제출하세요.

성명 (   )   수험번호 ☐☐☐ - ☐☐ - ☐☐☐☐

[問 1-35] 다음 밑줄 친 漢字語의 讀音을 쓰세요.

[1] 오늘은 내 꿈이 <u>實現</u>되는 날이다.

[2] 할머니 댁의 <u>庭園</u>에는 예쁜 꽃이 많다.

[3] <u>野球</u>를 하다가 학교 창문을 깨뜨렸다.

[4] 언론은 사실만을 보도해야 하는 <u>責任</u>을 지녀야 한다.

[5] 이 시험의 <u>目的</u>은 학생들의 학습 능력을 평가하는 데 있다.

[6] 열린 <u>窓門</u> 사이로 달빛이 은은히 들어왔다.

[7] 요즘 날씨가 <u>變德</u>을 부리니 우산을 챙겨가는 것이 좋다.

[8] 이 가게의 과일은 모두 <u>新鮮</u>하다.

[9] 두 친구가 반장, 부반장 선거에서 <u>對決</u>을 벌였다.

[10] 친구는 <u>勇氣</u>를 내어 자신의 의견을 발표하였다.

[11] <u>店主</u>는 단골 고객을 확보하기 위해 노력했다.

[12] 최근에는 <u>男便</u>도 출산휴가를 신청할 수 있다.

[13] 우리 집은 다양한 종류의 <u>植物</u>을 키운다.

[14] 사람은 가장 <u>重要</u>한 순간에 실수하기 쉽다.

[15] 인간은 자연과 <u>調和</u>를 이루면서 살아가야 한다.

[16] 밥을 빨리 먹으면 <u>消化</u>가 잘 안된다.

[17] 장인이 만든 이 구두가 바로 <u>名品</u>이다.

[18] 은행은 이달부터 금리를 <u>上向</u>조정하기로 결정했다.

[19] 횡단보도를 건널 때에는 <u>信號</u>등을 잘 봐야 한다.

[20] 경찰은 <u>公共</u>의 질서를 지키기 위해 노력한다.

[21] 남을 속일 수는 있어도 <u>自身</u>을 속일 수는 없다.

[22] 나는 <u>美術</u> 시간을 가장 좋아한다.

[23] 그는 <u>性格</u>이 급한 편이다.

[24] 경찰이 그 사건의 <u>來歷</u>을 조사하고 있다.

[25] 요즘 사람들은 <u>禮法</u>을 몰라 실수하는 경우가 많다.

[26] 스트레스는 <u>萬病</u>의 근원이다.

[27] 우리 <u>民族</u>은 서로 도와가며 정답게 살아왔다.

[28] <u>每番</u> 일등을 하는 것은 매우 어려운 일이다.

[29] 두 사람은 이번 여름에 결혼식을 올리기로 <u>言約</u>했다.

[30] 연구소에서 새로운 고구마 <u>種子</u>를 개발했다.

[31] <u>太陽</u>은 스스로 빛을 내는 대표적인 물체이다.

[32] 대도시로 인구가 <u>集中</u>되는 현상은 사회적인 문제가 되고 있다.

[33] <u>溫度</u>계를 사용하는 법을 잘 알아야 한다.

[34] 유럽은 관광 <u>産業</u>이 매우 발달하여 있다.

[35] 그 일이 이루어지기를 간절히 <u>苦待</u>하였다.

[問 36-58] 다음 漢字의 訓과 音을 쓰세요.

[36] 兵   [37] 陸

[38] 節   [39] 交

[40] 由   [41] 奉

[42] 臣   [43] 具

[44] 必   [45] 急

[46] 直   [47] 卒

[48] 結   [49] 束

[50] 關   [51] 士

[52] 近   [53] 弱

[54] 練   [55] 商

[56] 班   [57] 傳

[58] 情

[問 59-63] 다음 訓과 音을 가진 漢字를 쓰세요.

[59] 바람 풍

[60] 다행 행

[61] 덜 생/살필 성

[62] 반 반

[63] 목숨 명

[問 64-66] 다음 漢字의 약자(略字: 획수를 줄인 漢字)를 쓰세요.

[64] 會

[65] 樂

[66] 戰

[問 67-69] 다음 밑줄 친 漢字와 뜻이 반대(또는 상대)되는 漢字를 <보기>에서 찾아 그 번호를 쓰세요.

┌─────── 보기 ───────┐
│ ① 社 ② 天 ③ 決 ④ 神 │
│ ⑤ 晝 ⑥ 夫 ⑦ 死 ⑧ 責 │
└──────────────────┘

[67] 코로나로 인해 (   )夜 교대로 일하게 되었다.

[68] 함박눈이 내려 (   )地가 온통 하얗게 되었다.

[69] 해외 시장 진출에 회사의 (   )活이 걸려 있다.

[問 70-72] 다음 漢字와 뜻이 같거나 비슷한 漢字를 <보기>에서 찾아 그 번호를 쓰세요.

┌─────── 보기 ───────┐
│ ① 養 ② 太 ③ 偉 ④ 夏 │
│ ⑤ 數 ⑥ 計 ⑦ 童 ⑧ 語 │
└──────────────────┘

[70] 부모님의 사랑은 (   )大하다.

[71] 자녀의 (   )育은 부모의 노력이 필요하다.

[72] 음식 값은 각자 (   )算합시다.

[問 73-75] 다음 제시한 뜻을 가진 同音語를 <보기>에서 찾아 그 번호를 쓰세요.

보기
① 古史　② 古事　③ 前門
④ 工事　⑤ 傳聞　⑥ 家庭

[73] 全文 - (　　) : 다른 사람을 통해 전해 들음

[74] 高士 - (　　) : 옛날 역사

[75] 公使 - (　　) : 토목이나 건축 따위의 일

[問 76-78] 다음 뜻에 맞는 漢字語를 <보기>에서 찾아 그 번호를 쓰세요.

보기
① 電話　② 良識　③ 孝女
④ 先例　⑤ 注油　⑥ 市道

[76] 자동차 따위에 기름을 넣음

[77] 이전부터 있었던 사례

[78] 뛰어난 식견이나 건전한 판단

[問 79-82] 다음 뜻을 가진 사자성어가 되도록 (　　) 안에 들어갈 적절한 漢字語를 <보기>에서 찾아 그 번호로 쓰세요.

보기
① 色 ② 在 ③ 朝 ④ 成
⑤ 姓 ⑥ 才 ⑦ 村 ⑧ 知

[79] 多(　　)多能 : 재주 많고 잘하는 것이 많음

[80] 各人各(　　) : 사람마다 각기 다름

[81] 花(　　)月夕 : 꽃 피는 아침과 달 뜨는 저녁, 경치 좋은 때

[82] 生面不(　　) : 서로 한 번도 만난 적이 없어서 전혀 알지 못하는 사람

[問 83-97] 다음 문장의 밑줄 친 漢字語를 漢字로 쓰세요.

[83] 삶은 편안함보다 평안함이 더 중요하다.

[84] 휴지를 길거리에 함부로 버려서는 안된다.

[85] 여름 방학에는 가족들과 함께 여행을 가고 싶었다.

[86] 나는 오늘 친구와 함께 등교한다.

[87] 삼촌은 국가대표 선수이다.

[88] 엄마는 항상 약속 시간을 잘 지켜야 한다고 말씀하셨다.

[89] 수학선생님께서 칠판에 삼각뿔 모양의 도형을 그리셨다.

[90] 가족 모두 동해로 일출을 보러 갔다.

[91] 적절한 근력 운동을 하는 것이 좋다.

[92] 도서 검색대를 이용하여 책을 찾으세요.

[93] 우리 팀은 한국의 세계 유산에 대해 조사하였다.

[94] 우리 회사 건물에는 직원들이 이용할 수 있는 넓은 식당이 구비되어 있다.

[95] 나는 내심 친구가 내 마음을 알아주길 바랐다.

[96] 그 외국인은 한국어 발음이 비교적 정확하다.

계속 →

[97] 예전에는 지구의 많은 부분이 <u>산림</u>으로 덮
      여 있었다.

[問 98-100] 다음 漢字의 짙게 표시한 획은 몇 번
째 쓰는 획인지 <보기>에서 찾아 그 번호를 쓰
세요.

```
            보기
   ① 첫 번째       ② 두 번째
   ③ 세 번째       ④ 네 번째
   ⑤ 다섯 번째     ⑥ 여섯 번째
   ⑦ 일곱 번째     ⑧ 여덟 번째
   ⑨ 아홉 번째     ⑩ 열 번째
```

[98]

[99]

[100]

5級 II

100문항 / 50분 시험

*성명과 수험번호를 쓰고 문제지와 답안지는 함께 제출하세요.

성명 （   ）　　　수험번호 ☐☐☐ - ☐☐ - ☐☐☐☐

[問 1-35] 다음 밑줄 친 漢字語의 讀音을 쓰세요.

[1] 철수는 매일 저녁 축구 練習을 한다.

[2] 어릴 때에는 偉人전을 즐겨 읽었다.

[3] 교과서의 表紙가 낡아 떨어졌다.

[4] 친구는 約束시간을 30분이나 넘어서 도착했다.

[5] 나는 단호하게 내 소신대로 行動한다.

[6] 감독은 선수들에게 強度 높은 훈련을 시켰다.

[7] 이 지방의 대표적 特産物은 사과이다.

[8] 일시적인 便法으로는 이 일을 해결할 수 없다.

[9] 各界의 유명인사들이 한 자리에 모였다.

[10] 그의 연설에 많은 분들이 共感했다.

[11] 後任으로 온 직원은 젊고 유능하다.

[12] 아버님께서는 마을의 邑長 일을 하신다.

[13] 이번 경기는 분명 우리에게 勝算이 있다.

[14] 兵士들의 사기가 높아 그 전투에서 승리하였다.

[15] 아이들의 선거라도 선거관리원부터 선거함까지 具色을 갖추어 진행한다.

[16] 흥부가 톱으로 박을 가르자 金銀보화가 쏟아져 나왔다.

[17] 어릴 때부터 節電하는 습관을 길러야 한다.

[18] 이번 시험에는 꼭 合格할 것이다.

[19] 사회의 變化로 인해 사람들의 가치관도 달라졌다.

[20] 글을 쓸 때는 주제가 鮮明하게 드러나야 한다.

[21] 진열대에 다양한 品目의 물건이 진열되어 있다.

[22] 언론 보도를 할 때에는 정확한 事實 확인이 필요하다.

[23] 인간은 反省할 줄 아는 존재이다.

[24] 陸路보다 해로가 운송비가 싸다.

[25] 좋은 임금은 臣下의 의견을 경청한다.

[26] 기업가는 근로자에게 正當한 대가를 주어야 한다.

[27] 회장 선거의 結果가 나왔다.

[28] 體質에 따라 건강을 관리하는 것이 좋다.

[29] 그는 자신의 感情을 솔직하게 표현한다.

[30] 이순신 장군은 무예와 知性을 두루 갖춘 분이다.

[31] 敎養있는 사람은 일상에서 품위 있는 말을 사용한다.

[32] <u>孝道</u>는 부모에 대한 자식의 도리이다.

[33] <u>卒業式</u>은 학교에서 가장 중요한 행사이다.

[34] 좋은 리더는 구성원들 간의 <u>調和</u>를 중요하게 생각한다.

[35] 허균은 <홍길동전>의 <u>作者</u>이다.

[問 36-58] 다음 漢字의 訓과 音을 쓰세요.

[36] 要   [37] 親

[38] 米   [39] 關

[40] 店   [41] 的

[42] 史   [43] 每

[44] 角   [45] 夜

[46] 識   [47] 見

[48] 良   [49] 計

[50] 短   [51] 休

[52] 能   [53] 展

[54] 材   [55] 形

[56] 林   [57] 德

[58] 以

[問 59-63] 다음 訓과 音을 가진 漢字를 쓰세요.

[59] 줄 선

[60] 무리 등

[61] 눈 설

[62] 사라질 소

[63] 마을 촌

[問 64-66] 다음 漢字의 약자(略字: 획수를 줄인 漢字)를 쓰세요.

[64] 萬

[65] 發

[66] 國

[問 67-69] 다음 밑줄 친 漢字와 뜻이 반대(또는 상대)되는 漢字를 <보기>에서 찾아 그 번호를 쓰세요.

> 보기
>
> ① 後 ② 園 ③ 藥 ④ 農
> ⑤ 樂 ⑥ 弱 ⑦ 入 ⑧ 運

[67] 이곳은 미성년자 出(   ) 금지 구역이다.

[68] 그 부부는 50년 동안 생사의 苦(   )을 함께하였다.

[69] 이것은 운동 前(   )에 마시기 좋은 음료이다.

[問 70-72] 다음 漢字와 뜻이 같거나 비슷한 漢字를 <보기>에서 찾아 그 번호를 쓰세요.

> 보기
>
> ① 速 ② 服 ③ 奉 ④ 種
> ⑤ 席 ⑥ 根 ⑦ 束 ⑧ 讀

[70] 衣(   )은 인간 생활을 영위하는 중요한 요소 중 하나이다.

[71] 이 제품은 영하 30도에서 急(   ) 냉동했다.

[72] 인간으로서 지켜야 할 (   )本 도리를 잊지 말아야 한다.

[問 73-75] 다음 제시한 뜻을 가진 同音語를 <보기>에서 찾아 그 번호를 쓰세요.

┌─── 보기 ───┐
① 計算　② 所在　③ 公司
④ 畫家　⑤ 所有　⑥ 當身
└──────────┘

[73] 堂神 - (　　) : 듣는 이를 가리키는 이인 칭 대명사

[74] 花歌 - (　　) : 그림을 그리는 것을 직업 으로 하는 사람

[75] 小才 - (　　) : 어떤 곳에 있음

[問 76-78] 다음 뜻에 맞는 漢字語를 <보기>에서 찾아 그 번호를 쓰세요.

┌─── 보기 ───┐
① 戰歷　② 米商　③ 商店
④ 先朝　⑤ 全力　⑥ 醫術
└──────────┘

[76] 전쟁이나 전투에 참가한 경력

[77] 병을 고치는 기술

[78] 쌀장사

[問 79-82] 다음 뜻을 가진 사자성어가 되도록 (　　) 안에 들어갈 적절한 漢字語를 <보기>에서 찾아 그 번호로 쓰세요.

┌─── 보기 ───┐
① 石　② 同　③ 白　④ 陽
⑤ 古　⑥ 遠　⑦ 老　⑧ 昨
└──────────┘

[79] 不(　　)千里 : 천리 길도 멀다 여기지 않음

[80] 電光(　　)火 : 몹시 빠른 시간

[81] (　　)衣民族 : 우리 민족을 일컫는 말

[82] 老少(　　)樂 : 모든 사람이 어울려 함께 즐김

[問 83-97] 다음 문장의 밑줄 친 漢字語를 漢字로 쓰세요.

[83] 그녀의 부모님께 춘추가 어떻게 되시는지 여쭤보았다.

[84] 시일을 넘겨서 세금을 더 냈다.

[85] 성공은 자신의 노력에 따라 결정된다.

[86] 바닷물로 천연 소금을 만듭니다.

[87] 학교 신문에 실을 기사 내용을 정리 중입 니다.

[88] 가습기로 실내 습도를 조절합니다.

[89] 모든 물체와 물질은 공간을 차지한다.

[90] 스스로 자기의 생활을 반성해야 한다.

[91] 장사는 신용이 생명이다.

[92] 피해를 입은 이재민들에게 용기와 희망을 주고 싶다.

[93] 원서 접수 창구는 오른쪽에 있다.

[94] 속담에는 조상들의 지혜가 담겨있다.

[95] 나는 엄마가 해주시는 음식이 가장 맛있 다.

[96] 완도 바다에는 다시마와 미역 같은 해초가 많이 난다.

[97] 평소 안전사고에 각별히 주의해야 한다.

계속 →

[問 98-100] 다음 漢字의 짙게 표시한 획은 몇 번째 쓰는 획인지 <보기>에서 찾아 그 번호를 쓰세요.

보기

① 첫 번째   ② 두 번째

③ 세 번째   ④ 네 번째

⑤ 다섯 번째   ⑥ 여섯 번째

⑦ 일곱 번째   ⑧ 여덟 번째

⑨ 아홉 번째   ⑩ 열 번째

⑪ 열한 번째

[98]

[99]

[100]

100문항 / 60분 시험
객 30 / 주 70

한자교육진흥회 [준5급] 모의고사 제1회 문제지

객관식 (1~30번)

※ [　]안의 한자와 음(소리)이 같은 한자는?

1. [男]　① 夫　② 南　③ 王　④ 九

2. [士]　① 王　② 四　③ 土　④ 金

3. [五]　① 右　② 午　③ 石　④ 火

4. [千]　① 川　② 十　③ 白　④ 六

※ [　]안의 한자의 뜻으로 알맞은 것은?

5. [分]　① 합　② 힘　③ 나눔　④ 뺌

6. [弟]　① 아우　② 형　③ 여자　④ 스승

7. [合]　① 빼다　② 덮다　③ 합하다　④ 춤다

8. [市]　① 저자　② 수건　③ 숲　④ 밭

9. [來]　① 가다　② 오다　③ 앉다　④ 어제

10. [外]　① 저녁　② 이름　③ 바깥　④ 안

※ [　]안의 한자와 뜻이 반대되거나 상대되는 한자는?

11. [火]　① 心　② 水　③ 花　④ 金

12. [答]　① 門　② 合　③ 間　④ 上

※ <보기>의 단어들과 가장 관련이 깊은 한자는?

13.

보기	셔츠　바지　치마

　① 衣　② 交　③ 室　④ 夫

14.

보기	노랑　빨강　분홍

　① 午　② 十　③ 邑　④ 色

15.

보기	김씨　윤씨　최씨

　① 生　② 女　③ 名　④ 姓

※ [　]안의 한자어의 독음(소리)으로 알맞은 것은?

16. [踏査]　① 조사 ② 답사 ③ 심사 ④ 탐사

17. [流通]　① 유통 ② 소통 ③ 보통 ④ 공통

18. [堆積]　① 지적 ② 누적 ③ 퇴적 ④ 추적

19. [縮尺]　① 제척 ② 축척 ③ 지척 ④ 삼척

20. [銀行]　① 언행 ② 실행 ③ 유행 ④ 은행

※ [　]안의 한자어의 뜻으로 알맞은 것은?

21. [禮節]

① 인간사회가 거쳐 온 변천의 모습.
② 어떤 것을 만드는 데 바탕이 되는 것.
③ 민간에 전해 내려오는 교훈.
④ 예의에 관한 모든 질서와 절차.

22. [和音]

① 기쁜 소식.
② 높이가 다른 둘 이상의 음이 함께 울릴 때 어울리는 소리.
③ 음성을 냄, 또는 그 음성.
④ 불규칙하게 뒤섞여 불쾌하고 시끄러운 소리.

23. [主題]

① 사실의 경우나 형편.
② 대화나 연구에서 중심이 되는 문제.
③ 변변하지 못한 몰골이나 몸치장.
④ 흥미나 관심을 일으키게 하는 대상.

24. [地圖]

① 땅속으로 만든 길.
② 여러 갈래로 갈린 길.
③ 어떤 목적이나 방향으로 남을 가르쳐 이끎.
④ 지구 표면의 상태를 일정한 비율로 줄여, 이를 약속된 기호로 평면에 나타낸 그림.

25. [素材]

① 어떤 것을 만드는 데 바탕이 되는 재료.
② 건축이나 가구 따위에 쓰는, 나무로 된 재료.
③ 영화 제작에 있어서 기본이 되는 글.
④ 어떤 일을 하는 데 드는 비용.

※ [   ] 안에 들어갈 한자어로 알맞은 것은?

26. 찰흙을 이용하여 [   ]의 모형을 만들었다.

① 地層   ② 公共   ③ 支出   ④ 便紙

27. 그는 가는 곳마다 [   ]의 주인공이 되었다.

① 銀行   ② 都市   ③ 化石   ④ 話題

28. 고체가 녹으면 [   ]이/가 된다.

① 固體   ② 液體   ③ 年表   ④ 感想

29. 우리나라 대통령은 [   ]로/으로 뽑게 된다.

① 歷史   ② 幸福   ③ 投票   ④ 資料

30. 언니는 고등학교에서 [   ]을/를 가르친다.

① 音樂   ② 想像   ③ 反省   ④ 記事

주관식 (31~100번)

※ 다음 한자의 훈(뜻)과 음(소리)을 한글로 쓰시오.

31. 正 (   )

32. 孝 (   )

33. 邑 (   )

34. 夕 (   )

35. 兄 (   )

36. 足 (   )

37. 休 (   )

38. 文 (   )

39. 校 (   )

40. 寸 (   )

※ 훈과 음에 맞는 한자를 <보기>에서 찾아 쓰시오.

보기	有 語 字 老 方 本 石 歌 里 西

41. 노래 가 (   )

42. 늙을 로 (   )

43. 글자 자 (   )

44. 돌 석 (   )

45. 말씀 어 (   )

계속 →

46. 마을 리　　　　　（　　　　　）

47. 근본 본　　　　　（　　　　　）

48. 모 방　　　　　（　　　　　）

49. 서녘 서　　　　　（　　　　　）

50. 있을 유　　　　　（　　　　　）

※ 한자어의 독음을 한글로 쓰시오.

51. 每月　　　　　（　　　　　）

52. 農事　　　　　（　　　　　）

53. 登記　　　　　（　　　　　）

54. 室外　　　　　（　　　　　）

55. 平民　　　　　（　　　　　）

56. 洞口　　　　　（　　　　　）

57. 敎育　　　　　（　　　　　）

58. 中間　　　　　（　　　　　）

59. 工事　　　　　（　　　　　）

60. 內向　　　　　（　　　　　）

61. 安住　　　　　（　　　　　）

62. 自己　　　　　（　　　　　）

63. 小食　　　　　（　　　　　）

64. 目前　　　　　（　　　　　）

65. 先王　　　　　（　　　　　）

66. 漢江　　　　　（　　　　　）

67. 車道　　　　　（　　　　　）

68. 植物　　　　　（　　　　　）

69. 來世　　　　　（　　　　　）

70. 古今　　　　　（　　　　　）

※ <보기>의 뜻을 참고하여 ○안에 공통으로 들어갈 한자를 쓰시오.

71. (1)○國　(2)○父　　（　　　　　）

보기	(1) 조상 때부터 대대로 살던 나라. (2) 부모의 아버지를 이르는 말.

72. (1)○中　(2)○白　　（　　　　　）

보기	(1) 하늘과 땅 사이의 빈 곳. (2) 아무것도 없이 비어있음.

73. (1)內○　(2)方○　　（　　　　　）

보기	(1) 물건의 안쪽. (2) 어떤 장소나 지역이 있는 방향.

74. (1)○全　(2)○一　　（　　　　　）

보기	(1) 조금도 빠진 것이 없는 것. (2) 혹시 있을지도 모르는 뜻밖의 경우.

75. (1)東○　(2)○女　　（　　　　　）

보기	(1) 동쪽에 있는 바다. (2) 바닷속에 들어가서 해산물을 채취하는 여자.

※ ○안에 공통으로 들어갈 한자를 <보기>에서 찾아 쓰시오.

보기	靑　工　時　川　南

76. 同○　一○　○間　　（　　　　　）

77. 人○　手○　○夫　　（　　　　　）

78. ○天　○軍　○山　　（　　　　　）

※ 문장에서 잘못 쓴 한자를 바르게 고쳐 쓰시 오. (단, 음이 같은 한자로 고칠 것)

79. 日記는 종일 흐렸으나, 다행히 비가 오지는 않았다. (→)

80. 우리 집은 三大를 거쳐 음식점을 운영하고 있다. (→)

※ [ ]의 단어를 한자로 쓰시오.

81. 놀이공원에 [입장]하기 위해 줄을 섰다. ( )

82. 봄이 되면 온갖 [초목]이 물이 오르고 싹이 튼다. ( )

83. 우리나라는 3월에 새 [학년]이 시작된다. ( )

※ [ ]의 한자어 독음을 한글로 쓰시오.

84. 삼촌은 태양 [電池]를 생산하는 회사에서 근 무하신다. ( )

85. 사각형 네 [角]의 합은 360도이다. ( )

86. 친구는 [約束]보다 한 시간이나 늦게 도착하 였다. ( )

87. 학문과 사상의 자유는 [討論]과 논쟁의 자유 를 말한다. ( )

88. 나는 여러 개의 [預金]통장을 가지고 있다. ( )

89. 대중교통을 이용할 때 [秩序]를 잘 지켜야 한다. ( )

90. 이 탑은 우리나라의 [國寶]로서 보호되고 있 다. ( )

91. 학교에서 세 살 적 버릇이 여든까지 간다는 [俗談]을 배웠다. ( )

92. 사람들이 달을 바라보며 [聯想]하는 것은 사 람마다 다르다. ( )

93. 우리 [家族]은 이번 방학때 해외여행하기로 계획했다. ( )

94. 우리 자매는 성격이 [對照]적이다. ( )

95. 짝짓기를 위한 동물들의 [求愛行動]은 각각 다르다. ( )

96. 지도에서는 땅의 높낮이를 [等高線]과 색으 로 나타낸다. ( )

97. 나는 가분수를 [帶分數]로 바꾸는 문제가 제 일 어렵다. ( )

98. 천 마디 말보다 한 번의 [實踐]이 더 중요하 다. ( )

※ 한자성어의 설명을 읽고 ○ 안에 들어갈 한자 를 쓰시오.

99. 一○一短 ( )

[일장일단] 하나의 장점과 하나의 단점이라 는 뜻으로, 같은 정도로 공존하는 장점과 단 점을 아울러 이르는 말.

100. 男女○少 ( )

[남녀노소] '남자와 여자', '늙은이와 젊은이' 라는 뜻으로, 모든 사람을 이르는 말.

100문항 / 60분 시험
객 30 / 주 70
한자교육진흥회 [준5급] 모의고사 제2회 문제지

객관식 (1~30번)

※ [ ]안의 한자와 음(소리)이 같은 한자는?

1. [少]　① 地　② 小　③ 千　④ 八

2. [日]　① 目　② 白　③ 一　④ 二

3. [代]　① 大　② 下　③ 寸　④ 七

4. [電]　① 母　② 道　③ 後　④ 前

※ [ ]안의 한자의 뜻으로 알맞은 것은?

5. [目]　① 눈　② 머리　③ 다리　④ 손

6. [萬]　① 십　② 백　③ 천　④ 만

7. [老]　① 효도　② 늙다　③ 젊다　④ 길다

8. [有]　① 없다　② 있다　③ 잃다　④ 얻다

9. [內]　① 안　② 밖　③ 위　④ 아래

10. [靑]　① 풀　② 푸르다　③ 봄　④ 맑다

※ [ ]안의 한자와 뜻이 반대되거나 상대되는 한자는?

11. [左]　① 古　② 石　③ 工　④ 右

12. [足]　① 心　② 手　③ 不　④ 木

※ <보기>의 단어들과 가장 관련이 깊은 한자는?

13.
보기	광복절　설날　추석

　① 秋　② 休　③ 林　④ 出

14.
보기	브라질　인도　일본

　① 代　② 立　③ 土　④ 國

15.
보기	총　탱크　국방

　① 自　② 水　③ 軍　④ 字

※ [ ]안의 한자어의 독음(소리)으로 알맞은 것은?

16. [都市]　① 도건 ② 자시 ③ 도시 ④ 자건

17. [所得]　① 소유 ② 소지 ③ 소속 ④ 소득

18. [支出]　① 지출 ② 방출 ③ 외출 ④ 분출

19. [化石]　① 비속 ② 화석 ③ 암석 ④ 반석

20. [投票]　① 우표 ② 개표 ③ 수표 ④ 투표

※ [ ]안의 한자어의 뜻으로 알맞은 것은?

21. [俗談]
　① 예로부터 민간에 전하여 오는 쉬운 격언이나 잠언.
　② 웃고 즐기면서 이야기함.
　③ 어떤 목표를 향하여 나아감.
　④ 남이 잘되기를 비는 말.

22. [反省]
　① 법칙이나 규정, 규칙 따위를 어김.
　② 자신의 언행에 대하여 잘못이나 부족함이 없는지 돌이켜 봄.
　③ 빌리거나 차지했던 것을 되돌려줌.
　④ 남의 흠을 들추어 헐뜯음.

145

23. [對照]

① 어떤 일이나 사태에 맞추어 태도나 행동을 취함.

② 크게 구별하여 나눔.

③ 서로 달라서 대비가 됨.

④ 어떠한 일에 대처할 안건.

24. [文段]

① 말 한 마디 한 마디마다.

② 말의 구성 및 운용상의 법칙.

③ 긴 글을 내용에 따라 나눌 때, 하나하나의 짧은 이야기 토막.

④ 그림이나 도표로 그려 보임.

25. [實踐]

① 사실의 경우나 형편.

② 끝까지 지켜 나가는 꿋꿋한 의지.

③ 생각한 바를 실제로 행함.

④ 실제의 상태나 내용.

※ [ ] 안에 들어갈 한자어로 알맞은 것은?

26. 백화점에서는 다양한 상품을 [ ]한다.

① 預金　② 販賣　③ 銀行　④ 主題

27. 좋은 [ ]은/는 감동을 준다.

① 詩　② 角　③ 禮節　④ 感想

28. 스승의 날을 맞이하여 선생님께 감사[ ]을/를 썼다.

① 觀察　② 預金　③ 便紙　④ 固體

29. 책을 읽은 후, 각 모둠별로 [ ]하였다.

① 偏見　② 液體　③ 約束　④ 討論

30. 교통 [ ]을/를 잘 지켜야 한다.

① 年表　② 地層　③ 秩序　④ 話題

주관식 (31~100번)

※ 다음 한자의 훈(뜻)과 음(소리)을 한글로 쓰시요.

31. 弟 (　　　　　　)

32. 答 (　　　　　　)

33. 事 (　　　　　　)

34. 登 (　　　　　　)

35. 語 (　　　　　　)

36. 衣 (　　　　　　)

37. 中 (　　　　　　)

38. 來 (　　　　　　)

39. 士 (　　　　　　)

40. 車 (　　　　　　)

※ 훈과 음에 맞는 한자를 <보기>에서 찾아 쓰시오.

보기	今 育 平 氣 植 西 古 世 林 兄

41. 서녘　서　　　(　　　　　　)

42. 예　　고　　　(　　　　　　)

43. 평평할　평　　(　　　　　　)

44. 기운　기　　　(　　　　　　)

45. 심을　식　　　(　　　　　　)

46. 수풀　림　　　(　　　　　　)

계속 →

47. 인간   세   (   )

48. 이제   금   (   )

49. 형   형   (   )

50. 기를   육   (   )

※ 한자어의 독음을 한글로 쓰시오.

51. 日記   (   )

52. 氣力   (   )

53. 北韓   (   )

54. 每月   (   )

55. 農夫   (   )

56. 百姓   (   )

57. 正午   (   )

58. 立地   (   )

59. 水道   (   )

60. 老年   (   )

61. 天王   (   )

62. 工場   (   )

63. 下校   (   )

64. 外向   (   )

65. 千里   (   )

66. 洞口   (   )

67. 分子   (   )

68. 名門   (   )

69. 七寸   (   )

70. 民主   (   )

※ <보기>의 뜻을 참고하여 ○안에 공통으로 들어갈 한자를 쓰시오.

71. (1) 間○   (2) ○全   (   )

보기	(1) 웃어른에게 안부를 여쭘. (2) 위험성이나 사고가 날 염려가 없음.

72. (1) ○手   (2) 國○   (   )

보기	(1) 노래부르는 것이 직업인 사람. (2) 나라를 대표하는 노래.

73. (1) 時○   (2) ○食   (   )

보기	(1) 어떤 시각에서 어떤 시각까지의 사이. (2) 끼니와 끼니 사이에 먹는 음식.

74. (1) 入○   (2) ○生   (   )

보기	(1) 학교에 들어감. (2) 학교에서 공부하는 사람.

75. (1) ○男   (2) 市○   (   )

보기	(1) 맏아들. (2) 지방 자치 단체인 시의 책임자.

※ ○안에 공통으로 들어갈 한자를 <보기>에서 찾아 쓰시오.

보기	江 祖 孝 老 西

76. ○父   先○   ○上   (   )

77. ○南   漢○   ○北   (   )

78. ○子   ○心   不○   (   )

※ 문장에서 잘못 쓴 한자를 바르게 고쳐 쓰시오.
(단, 음이 같은 한자로 고칠 것)

79. 이번 육해공군의 合東 군사훈련은 성공적
이었다.　　　　　（　　　→　　　）

80. 편지를 보낼 때, 받는 사람의 注所를 정확하
게 써야 한다.　　　（　　　→　　　）

※ [　]의 단어를 한자로 쓰시오.

81. 수업이 끝나자 학생들이 모두 [교실] 밖으로
달려 나갔다.　　　（　　　　　）

82. 불고기는 외국인들이 좋아하는 [한식] 중의
하나이다.　　　　（　　　　　）

83. [해녀]들은 한참이 지나서야 물 위로 떠올랐
다.　　　　　　（　　　　　）

※ [　]의 한자어 독음을 한글로 쓰시오.

84. 헌법에는 종교 [選擇]의 자유가 보장되어 있
다.　　　　　　（　　　　　）

85. [資料]가 부족하여 연구에 어려움이 있다.
　　　　　　　（　　　　　）

86. 추석을 맞이하여 온 [家族]이 한자리에 모였
다.　　　　　　（　　　　　）

87. 옛 이야기를 [素材]로 소설이 만들어졌다.
　　　　　　　（　　　　　）

88. 세종 대왕은 [歷史]에 길이 남을 많은 업적
을 이루었다.　　　（　　　　　）

89. 미술시간에 우주여행을 [想像]하며 그림을
그렸다.　　　　（　　　　　）

90. 합창단의 [和音]의 아름다움을 느껴봅시다.
　　　　　　　（　　　　　）

91. [偏見]을 갖고 다른 사람을 판단해서는 안 된
다.　　　　　　（　　　　　）

92. [公共]기관의 역할에 대해 알아보자.
　　　　　　　（　　　　　）

93. 겨울방학에 전통 가옥을 [踏査]하기로 하였
다.　　　　　　（　　　　　）

94. 협상이란 서로의 [讓步]를 전제로 한다.
　　　　　　　（　　　　　）

95. [歷史]를 통해 조상들의 지혜를 배울 수 있
다.　　　　　　（　　　　　）

96. 큰 규모의 [博覽會]가 개최되었다.
　　　　　　　（　　　　　）

97. 지도에는 [縮尺]과 방위가 표시되어 있다.
　　　　　　　（　　　　　）

98. 우리나라 [經濟]가 눈에 띄게 성장하였다.
　　　　　　　（　　　　　）

※ 한자성어의 설명을 읽고 ○ 안에 들어갈 한자
를 쓰시오.

99. 見○生心　　　　　（　　　　　）

[견물생심] 어떤 실물을 보게 되면 그것을 가
지고 싶은 욕심이 생김.

100. 山川○木　　　　（　　　　　）

[산천초목] 산과 내와 풀과 나무라는 뜻으로,
자연을 이르는 말.

♣ 수고하셨습니다.

※답안지는 컴퓨터로 처리되므로 구기거나 더럽히지 마시고, 정답 칸 안에만 쓰십시오. ※ 유성 싸인펜, 붉은색 필기구 사용 불가.
　글씨가 채점란으로 들어오면 오답처리가 됩니다.

한국어문회 5급 Ⅱ 모의고사 제1회 답안지 (1)

번호	정답	번호	정답	번호	정답
1		17		33	
2		18		34	
3		19		35	
4		20		36	
5		21		37	
6		22		38	
7		23		39	
8		24		40	
9		25		41	
10		26		42	
11		27		43	
12		28		44	
13		29		45	
14		30		46	
15		31		47	
16		32		48	

※ 본 답안지는 컴퓨터로 처리되므로 구겨지거나 더럽혀지지 않도록 조심하시고 글씨를 칸 안에 또박또박 쓰십시오.

한국어문회 5급 II 모의고사 제1회 답안지 (2)

번호	정답	번호	정답	번호	정답
49		67		85	
50		68		86	
51		69		87	
52		70		88	
53		71		89	
54		72		90	
55		73		91	
56		74		92	
57		75		93	
58		76		94	
59		77		95	
60		78		96	
61		79		97	
62		80		98	
63		81		99	
64		82		100	
65		83			
66		84			

※ 본 답안지는 컴퓨터로 처리되므로 구겨지거나 더럽혀지지 않도록 조심하시고 글씨를 칸 안에 또박또박 쓰십시오.

※답안지는 컴퓨터로 처리되므로 구기거나 더럽히지 마시고, 정답 칸 안에만 쓰십시오.　　※ 유성 싸인펜, 붉은색 필기구 사용 불가.
　글씨가 채점란으로 들어오면 오답처리가 됩니다.

한국어문회 5급 Ⅱ 모의고사 제2회 답안지 (1)

번호	정답	번호	정답	번호	정답
1		17		33	
2		18		34	
3		19		35	
4		20		36	
5		21		37	
6		22		38	
7		23		39	
8		24		40	
9		25		41	
10		26		42	
11		27		43	
12		28		44	
13		29		45	
14		30		46	
15		31		47	
16		32		48	

※ 본 답안지는 컴퓨터로 처리되므로 구겨지거나 더럽혀지지 않도록 조심하시고 글씨를 칸 안에 또박또박 쓰십시오.

한국어문회 5급 II 모의고사 제2회 답안지 (2)

번호	정답	번호	정답	번호	정답
49		67		85	
50		68		86	
51		69		87	
52		70		88	
53		71		89	
54		72		90	
55		73		91	
56		74		92	
57		75		93	
58		76		94	
59		77		95	
60		78		96	
61		79		97	
62		80		98	
63		81		99	
64		82		100	
65		83			
66		84			

한자교육진흥회 [준5급] 모의고사 제1회 답안지

■ 객관식 ■

1		6		11		16		21		26	
2		7		12		17		22		27	
3		8		13		18		23		28	
4		9		14		19		24		29	
5		10		15		20		25		30	

■ 주관식 ■

31		45		59		73		87	
32		46		60		74		88	
33		47		61		75		89	
34		48		62		76		90	
35		49		63		77		91	
36		50		64		78		92	
37		51		64		79		93	
38		52		66		80		94	
39		53		67		81		95	
40		54		68		82		96	
41		55		69		83		97	
42		56		70		84		98	
43		57		71		85		99	
44		58		72		86		100	

한자교육진흥회 [준5급] 모의고사 제2회 답안지

■ 객관식 ■

1		6		11		16		21		26	
2		7		12		17		22		27	
3		8		13		18		23		28	
4		9		14		19		24		29	
5		10		15		20		25		30	

■ 주관식 ■

31		45		59		73		87	
32		46		60		74		88	
33		47		61		75		89	
34		48		62		76		90	
35		49		63		77		91	
36		50		64		78		92	
37		51		64		79		93	
38		52		66		80		94	
39		53		67		81		95	
40		54		68		82		96	
41		55		69		83		97	
42		56		70		84		98	
43		57		71		85		99	
44		58		72		86		100	